メディアの内と外を読み解く

——大学におけるメディア教育実践

南出和余・木島由晶 編著
MINAMIDE Kazuyo　KIJIMA Yoshimasa

せりか書房

メディアの内と外を読み解く——大学におけるメディア教育実践

目次

序章　今日のメディアを問い直すために　7　南出和余　木島由晶

第一部　若者たちのメディア環境　23

第一章　ポスト真実の時代のメディア——社会システム理論から見たインターネット　25　名部圭一
第二章　ゲーム悪玉論の構図——ゲームはなぜ敵視され続けるのか　47　木島由晶
第三章　テレビの高校野球中継とオーディエンスが抱く「本当らしさ」——視聴者の世代差・性差を中心に　71　高井昌吏
コラム１　音楽を聴くためのメディアと場所の変遷　90　木島由晶
コラム２　ＳＮＳの知識社会学——スモールワールドは理想郷か　94　長﨑励朗

第二部　メディア表象認識　101

第四章　オペラ『蝶々夫人』と日本からの応答——表象される「日本」への反応の諸相　103　片平幸
第五章　学生とともに考えるメディアのグローバル化——インドネシアにおけるＪＫＴ48の人気　132　小池誠
第六章　ドキュメンタリー鯨絵巻——太地町の鯨・イルカ漁を巡る対立を越えて　153　鈴木隆史

コラム３　「戦前」という気分　177　石田あゆう
コラム４　「孤立の学」としてのメディア論　181　長﨑励朗

第三部　表現媒体としてのメディア　186

第七章　メディア・リテラシー教育実践としてのアニメーション制作実習　187　佐野明子
第八章　映像制作による対話的コミュニケーション——映像・人類学・教育　207　南出和余
コラム５　ソーシャル・メディアの関係性　224　木島由晶
コラム６　映画会「知るために、知らせるために、ドキュメンタリーを観て語る」　228　南出和余

資料　233

学生制作アニメーション作品一覧（第七章　佐野明子）　234
学生制作ドキュメンタリー映像作品一覧（第八章　南出和余）　235

あとがき　240

序章　今日のメディアを問い直すために

南出和余
木島由晶

1　メディアとともに現代社会を生きる

地球規模で起こるさまざまな問題がボーダレスに私たちの生活を直撃し、直接間接的に私たちを動かしている。「世界」は、ごく身の回りの現在から地球の裏側の過去や未来にもつながっている。そうしたなかで私たちは、想像力と思考力をもって世界を読み、自らの生きる道を探ろうとする。そのとき、メディアを介した情報こそが判断材料になることは言うまでもない。

いつの時代も人びとは、自らの目と耳で確かめる以上の多くの情報のなかで世界を想像・創造してきた。言葉を介した人から人への情報の伝達は、文字となり、音となり、映像となって、情報を発信する者の身体を離れて独り歩きしていく。情報を受け取る者たちは、その欠片の文脈や背景をさまざまに想像しながら、その意味を読み解こうとする。こうした「メディア」を介した情報伝達の営みは今に始まったことではないが、デジタル時代の情報技術革新は、それまでとは比べ物にならない情報量の拡大と拡散をもたらした。発信されるすべての情報を検証して取捨選択するなどというのはすでに不可能で、アクセスの仕方によって情報の類に偏りが生じることは否めない。二〇世紀のような、国家が国民に開示される情報を操作制限するといったことも、ほぼ不可能となりつつある。

こうした現代社会を生きるうえで、メディアを読み解く力およびメディアを操る力、つまりは広義の「メディアリテラシー」が重要視され、各教育現場においても教育の取り組みが模索されている。情報を受信して読み解くだけでなく、発信する手段としてメディアを用いることも、とくに現代社会を生きるうえでは欠かせない。そこで本書は、とくに大学におけるメディア教育の可能性を念頭におきながら、現代社会をとりまくメディア環境、メディアが描く社会、メディアが動かす社会について考えてみたい。

2　内と外で理解する

『メディアの内と外を読み解く』と題された本書には、全部で八本の論考と、六つのコラムが収められている。はじめに、なぜこのようなタイトルになったのか、どのような内容を心がけたのかを手短に説明しておきたい。

まず、メディアの内側というのは、自分で実際にメディア作品を作ってみること、作り手の立場で考えたり、作った作品を反省したりすることを指す。そして、外側というのは、私たちを取りまくメディアの環境や、多くの人びとに届けられる文化作品を、受容者の立場で考えることを意味している。

たいていのメディア研究書は、内か外か、どちらかの側面に偏った内容が多い。それは決して悪いことではない。むしろ専門的な内容をまとめて伝えるためには、テーマはなんらかの方向に偏らせた方が都合はよく、焦点をしぼって記述するからこそ、特定のテーマを深く検討することができる。

しかし、本書はそうしていない。今の時代にメディアについて理解するためには、内と外の両方を学ぶ必要がある、少なくともそうした論集を刊行する意義があると考えたからだ。それは第一に、そもそものメディアという概念がきわめてあいまいなものであり、第二に、今日のメディアをめぐる状況が流動的かつ複雑に絡み合っているからである。

3　メディア概念のあいまいさ

まず「メディア」について考えるにあたって、多くの人が最初につまずくのがその定義である。ラテン語の「メディウム」に語源があるだとか、手段や媒介を意味すると説明されるが、実際には多義的に用いられているので、わかったようなわからないような印象をもつ。一般に大学のメディア学科などでは、ジャーナリストやマスコミ関係者を輩出しようと努めてきたこともあって、不特定多数の人びとに情報を発信する方法やそのメカニズムについて深く検討することになっている。大筋ではそれでよいだろうが、しかし、いわゆるマスコミ的なものだけがメディアなのかというと、そうとも言い切れない。

メディア研究を広く流行らせた始祖である、文明批評家のマーシャル・マクルーハンからして、われわれをどこか煙に巻いているように思えるところがある（マクルーハン 一九八七）。彼によると「メディア」とは一口に言って「人間を拡張するもの」であるという。たとえばラジオは人間の聴覚を電気信号に乗せて拡張したものであり、テレビの場合は——「遠く離れたものを見る」という語源をふまえると理解しやすいように——視覚を含めた中枢神経の全般を、つまりは脳や脊髄といった人間の情報がつまった部分を拡張したものだと解釈できる。ここまでは想像に容易いが、問題はその先で、たとえば自転車は人間の足を拡張したものであり、住居は体温の調整メカニズムを拡張したものであり、貨幣は交換したいという人間の衝動を拡張したものである…というようにマクルーハンの主張は続く。つまり、それが無形か有形かを問わず、言語であろうと弓矢であろうと、人間が手を加えたものはすべて、身体あるいは精神の拡張物＝メディアであると大見えを切ったために、世の中にあるほとんどのものがメディア論の観点から分析できるという流れをつくってしまった。

したがって「メディア論」とは、必ずしも確固とした学問体系が作られているわけではない。それがどのようなメディアであれ、メディア論における「メディア」とは研究する対象のことをさすが、学問とは理論にもとづく知識と方法のことを指すならば、法学、心理学、社会学、人類学など明確な学問分野とは異なり、メディア論は学問とは呼べない。つまり特定の学問の立場からメディアを研究することはあっても、方法論などが確立しているわけではないので、さまざまな立場の人がさまざまな方法でメディアについて考えているのが実情である。

そしてこのことが、本書をつくるきっかけの一つになっている。本書は特定の学問分野に属する者たちだけでつくったものではなく、社会学と人類学を中心に、複数の学問分野にまたがる執筆者で構成されている。ゆえにアプローチもさまざまで、理論的な考察から実証的な調査研究、歴史的な資料の検討から現場におもむくフィールドワークの知見まで、多義にわたって収められている。メディアというつかみどころのないものを理解するためには、一冊で体系的な知識を習得してもらえるように努めるよりも、多彩なアプローチでメディアの諸相にせまった方がよいと判断した。

4　メディア体験の複雑さ

もうひとつの理由は、今日のメディアをめぐる状況が流動的かつ複雑になっていることである。もっともこれは、メディアについて語るときの常套句であり、たいていのメディア研究書の冒頭で書かれており、本書も例外ではない。メディアは常にゆれ動き、新しいサービスが次々に登場しては普及していく。そのこと自体は、メディアという言葉が普及した一九六〇年代から変わらない。変わったのは、マスメディアとインターネットが複合的に作用しあう状況が本格化したことであり、そのことがメディアへの理解を従来よりも難しくさせている。

乱暴にいってしまえば、二〇世紀はマスメディアの時代であり、二一世紀はインターネットの時代である。より正確には、二一世紀においても依然としてマスメディアの影響力は大きいけれども、インターネットという新興勢力が人びとの情報収集やコミュニケーションのあり方を一変させた。この点に異論を差しはさむ人はいないだろう。私たちは何か調べ物をしたいとき、今でも図書館に行って本を借りることはあるが、それ以上に検索エンジンで単語を入力することに慣れている。あるいは知らない街に出かけたとき、地図を見るよりもGoogleマップで目的地を探すことの方が多かったりする。あるいは、見逃したテレビドラマを電車のなかで視聴したりもする。いずれにせよ、スマートフォンやタブレットが一台あれば、たいていの趣味や用事が済んでしまうのが現在の世の中である。

そしてマスメディアとインターネットの複合状況は、今まで以上にメディアの送り手／受け手といった区分を—私たちの言い方に直せばメディアの内側と外側を—なし崩しにしていく。この点でわかりやすいのは、YouTuberや「生主（なまぬし）／生放送主」のような、いわば「一般有名人」とでも呼ぶべき存在だろう。つまり、芸能人ではない一般の素人がインターネット上で有名性を獲得することを意味している。動画でなくとも、小説やイラストの投稿サイトで人気を博したり、つぶやきが面白いのでTwitterのフォロワー数が極端に多くなった人などもこれに含まれる。彼／彼女らは、テレビのタレントやラジオのパーソナリティではないという意味において、従来のマスコミ研究の枠組みでは情報の「受け手」に相当するかもしれないが、インターネット上では明らかに「送り手」の側にも位置づけられる。

もっとも、単なる消費だけをする人、純粋なる受け手と呼べる存在が、昔から本当にいたのかという点にはもう少し注意を払ってもよい。生産者と消費者の垣根がうすれ、生産する消費者が台頭するという話は、インターネットの登場以前から存在していたし、一九七五年から続いているコミックマーケットのような同人誌即売会は、アニメやゲームの消費者が、好きが高じて二次創作（原作のパロディ）を作って販売するというものであるから、当初からプロシューマー的なイベントだったともいえる。すなわち、昔から消費者は同時に生産者の顔ももっているのである。

しかしながら二一世紀に入って、メディアの内側と外側がますます接近し、情報の送り手と受け手の境界線、ないし両者の関係性が、さらにねじれてきたことは間違いない。そのことは「写真を撮る」という行為ひとつをとっても明らかだろう。若い読者は不思議に感じるかもしれないが、ほんの五〇年ほど前までは、写真は自分で撮るものではなく、町の写真館などでプロに撮ってもらうことが当たり前であった。成人式などのお祝いの日に、ハレ（非日常）の儀式の一環に写真撮影が位置づけられていた。写真が日本社会でカジュアルな存在になるのは、おおよそ使い捨てカメラ（レンズ付きフィルム）が登場する一九八〇年代以降のことであり、女子高生を中心にプリクラ（プリント倶楽部）が大流行するのが一九九〇年代の後半からであり、携帯電話にカメラが付いてインターネットで手軽に送りあえるようになるのが二〇〇〇年ごろからである。そしてそれらの延長線上に、Instagramでつながる現在の写真の共有文化がある。

もちろん今日、スマートフォンで写真を撮る利用者の大半は、自分の身近な友人と情報を共有するか、メモを取る代わりに自分用の備忘録として保存するかのどちらかで、プロの写真家のような意思や自覚はもちあわせていないだろう。とはいえ、仮に本人が意識しなかったとしても、風景や人物を写真におさめる行為にはいくらかの創造性がともない、また、撮った写真にはおのずと著作権や肖像権が発生する。つまり、誰もが情報の受け手であるとしても、同時に誰もが手軽に送り手の立場になりうる可能性を秘めている。そうだとすれば、もはや私たちは、メディアに関する現象を外側から受容者の立場でながめているだけでは足りない。むしろ内側から、生産者の立場からも考えを深めていかなければならないというのが、本書を構想した大きな理由である。

5　本書の構成

以上の理由で、本書はメディアの内側と外側を、どちらかという意味での「or」ではなく、どちらもという意味での「and」でつなぐ内容になるように心がけている。本書の中身は大きく三部構成をなしていて、大まかには「外」から「内」へと進むように編集されている。

まず第一部「若者たちのメディア環境」では、現在私たちが生きている日常のメディア環境がどのようなものなのかを理解することに重きをおいている。

第一章では、今日の社会で真実がさほど重視されなくなってきたとするならば、その要因をどう理論的に解釈できるかということを考える。難解なことで知られるドイツの社会学者、ニクラス・ルーマンの理論が援用されるため、とくに若い読者にはとっつきにくく感じられるかもしれない。けれども、具体例に落として考えてみれば、ルーマンはそれほど突飛な主張をしているわけではない。むしろ愛の告白や、上司の部下への頼み事など、ありふれた事例からも示唆を得られるのがルーマン理論の魅力であることが、この章を読めばよくわかる。ルーマン理論によれば、私たちの社会はさまざまなコミュニケーションのシステムから成り立っている。たとえば、法律について考える際には合法かどうかが一番重要になるだろうし、経済活動について考える際には正しく支払われるかどうかがもっとも重要になる。では、そうして機能（役割）ごとにコミュニケーションのあり方が細かく分かれているのが現代の社会であるとした場合、マスメディアの役割が相対的に低くなり、インターネットの影響力が増した今日の状況をどう理解しうるだろうか。ルーマンに倣ってマスメディアとインターネットをそれぞれ別のシステムと捉えた場合、この両者は情報伝達における価値のウェイトが大きく異なっている。マスメディアが情報の真実性（＝本当のこと）を伝えることに重きをおいているとすれば、インターネットはそれ以上に、接続の連鎖（＝次につながること）に重きをおく。共感であれ反発であれ、受け手の感情を刺激する情報が、ネット上では瞬時に拡散して「バズる」し「炎上」する。仮に今の時代が、真実よりも感情に訴えることを重んじているとするならば、その理由の一端には、インターネットに固有のコミュニケーション特性が深く関係しているにちがいない。

第二章では、真実に思える情報がいかにして補強されていくのかを考察している。ここで対象となっているのは、長らく保護者たちから目のかたきにされてきた映像娯楽、つまりビデオゲームである。「ゲームが子どもをダメにする」――この手の批判は、ゲームが家庭に浸透する一九八〇年代から途切れることなく続いてきた。なかでも、目が悪くなる、運動しなくなるといった身体面の問題よりも、無気力になる、すぐにキレるといった精神面での悪影響が心配され、それが新聞記事や雑誌の特集、テレビのワイドショーなどで報道されることによって、今日でも一定の人びとから真実だと思われている。この場合に注意しなければならないのは、真実とメディアの因果関係である。メディアは必ずしも真実ばかりを報道するわけではない。すなわち、本当のことだからメディアを介して伝わるのではなく（真実→メディア）、メディアを介して伝わることが本当だとみなされる側面もあるということだ（メディア→真実）。そして多くの人に真実だと信じられたなら、その情報はますます真実味を帯びていく。最初は単なる不安でしかなかったものに、科学的なお墨付きが与えられたり、制度的な対策が講じられたりする。この意味でビデオゲームの歴史とは、大衆娯楽としての地位を獲得する歴史であると同時に、ゲームを心配する人びとに根拠となる真実を提供する歴史でもあった。そしてもうひとつ重要なのが、大衆娯楽と真実との関係である。メディアが伝える真実は、時代によって変化する。たとえば、明治期に教育者たちが危険視していた小説を読む行為は、今日では「朝の読書運動」という形で推奨されているし、昭和期に信ぴょう性をもっていた「テレビをみるとバカになる」という物言いも、現在ではいくらか鳴りを潜めている。つまりテレビをみる、ゲームをするといった行為自体に本質的な欠陥があるというよりは、新しい娯楽に対する人びとの不安が「悪影響」という名の真実を形成していくと考えられる。だとすれば、ビデオゲームが古い娯楽となった未来には、今までとは反対に保護者から推奨される時代が訪れないともかぎらないのである。

第三章では、真実の見え方が人によってどのように異なるのかを考察している。ここで対象となるのは、甲子園を目指して球児たちが「熱演」をくり広げる、テレビの高校野球中継である。すぐに想像されるように、高校野球には男らしく、ひたむきで、純粋といったイメージがすでに定着している。しかしながら、それは誰が見ても、いつでもそう思えるというわけでは決してない。視聴者が男性か女性か、野球の経験者か未経験者か、球児と同世代か親の世代なのかで何を感じとるかは変わってくるし、また視聴の最中にも印象はころころと移り変わっていくだろう。ここで検討されるのは、そうした意味での真実のゆらぎである。とくにわかりやすいちがいは、視聴者と球児が近い立場にあるのか、そうでないのかである。同世代の若者がみると、球児の姿は自身に引き付けて解釈されやすいが、親世代には他人事に映りやすい。すなわち、自分もがんばろうと思うのではなく、子どもにがんばらせようという風に受け止められやすい。この（自分以外の）他者に対する期待が社会的な規範となって、高校野球は「若者はこうあるべき」という教育的価値を帯びることになるのだが、しかしだからこそ、もっとも当事者に近い男子高校生の反応は多彩である。つまり、球児の姿を自分に重ねあわせて共感するだけでなく、反対にそれを演技とみなして規範的なまなざしから距離をとる場合も多くみられる。大人は球児を理想化するけれども、実際にはそんな高校生は滅多にいないのだという風に。そしてここに表れているように、今日の高度に複雑化した現代社会、メディアの世界においては、本物と偽物をきっぱりと区別することはもはや難しい。私たちはありのままの姿と演技している姿、真実とウソが入り混じった現実をすでに受け止めている。そのことは男子高生よりも女子高生のほうが、高校野球に男らしさを強く感じとっているというデータに表れている。つまりそこでは、（実際には存在しないのかもしれないが）存在してほしいという視聴者の願望を投影して、メディアのなかの真実が読みとられているのである。もちろんその真実は、個人の加齢や環境の変化によって、今後もゆれ動いていくことになるだろう。

続く第二部「メディア表象認識」では、日本文化の表象と解釈をめぐる問題に焦点を当てている。

第四章では、オペラ『蝶々夫人』を事例に、西欧近代において作られた日本女性のイメージについて検討している。一九世紀終わりの長崎を舞台に日本人女性「蝶々さん」とアメリカ海軍兵「ピンカートン」との恋愛を描いた本作（内容の詳細は三章の本文に委ねる）は、イタリアの作曲家プッチーニによって二〇世紀初頭に作曲されて以来、一世紀以上にわたって演じられている。立場と時代を背景に、称賛されては批判され、ときに改訂されたりもしながら、現在にいたるまで生き続けている。西洋の視点で描かれたその日本女性像は、一世紀以上も前に描かれたものであるとはいえ、現在の私たちにも、他者から日本がどのように見られているかを考えさせる。ここでの議論からは、『蝶々夫人』が作曲家プッチーニだけでなく、演じる歌手やそれを観る各地各時代の観客たち、そして新聞メディアや研究の俎上における批評家たちによってさまざまな変貌を遂げてきたことが分かる。その背景には、近代の西欧から日本へのまなざしとそれに対する日本からの応答、そして西欧化を目指した当時の日本に対する自他の知覚など、日本女性の表象をめぐる西欧と日本の「交渉」ともいうべきダイナミズムがうかがえる。さらに、こうした『蝶々夫人』をめぐる議論の変遷を知ったうえで、現在の大学生が『蝶々夫人』を「日本文化」理解としてどのように知覚するかが論じられており、『蝶々夫人』が決して「歴史の表象」ではないことを物語っている。

第五章では、「メディアのグローバル化」という観点から、インドネシアにおける海外輸入型ポップカルチャーの動向について論じられている。近年のインドネシアの経済成長はとくに若者たちにインターネットの利用を促進する。インターネットによって世界と「繋がる」若者たちは、日本のアニメ、韓国ドラマ、K‐POPやJ‐POPを享受するだけでなく、コスプレやファン行動においても「本場」を意識しながら応答する。もちろん日本からも韓国からも、コンテンツ産業とよばれるビジネス戦略がその背景にあるのだが、売り込まれた「イメージ」がどのように受け止められるかは、決して予定調和的にはいかない。特異な例として、日本で人気を集めたアイドルグループAKB48のインドネシア版として、日本のプロデューサーによって作られたJKT48をめぐる動向が紹介されている。日本の本家AKB48とは全く異なる展開を見せ、ときにローカル化現象がみられる。まさに「グローカリゼーション（Glocalization）」の例とも言えよう。本章の筆者もまたこの議論を授業のなかで展開しているが、半ば現実との同時進行で進めているために、翌年になると予想とは反する展開を見せたりするのも興味深い。第五章の議論を第四章との比較を意識して考えるならば、『蝶々夫人』には西欧対日本における差異のなかで捉えられる日本女性の表象が議論を呼んだのに対して、インドネシアで日本や韓国のエンターテイメントコンテンツが受け入れられるのは、それらが異質感なく受け入れられる文化的俎上が現在のインドネシアにあり、また、まさに社会経済的「グローバル化」のなかで共有される価値がコンテンツを形成しているからに他ならない。

第六章では、メディアにおける「価値の衝突」に焦点を当てている。和歌山県太地町の捕鯨・イルカ漁を正面から問題視したアメリカのドキュメンタリー映画《ザ・コーヴ》は、日本（の捕鯨・食鯨文化）が国際社会から非難されていることを象徴する作品として、日本では少なからず衝撃的に受けとめられた。これに対する日本からの「応答」として作られた四本の映画またはテレビ番組が紹介されている。「応答」の在り方や立場はさまざまで、真っ向から反論するもの（反論のなかで往々にして言われる「くじらは日本の伝統文化だ」という意見を表現したもの）から、映画全体としての視点を逆側に置くことで、同じ現実がまったくちがって見えることを示したもの、また価値の衝突をいかに乗り越えるかを考えようとするものなどがある。これらの映画は、同じ問題、しかも同じ時代の同じ場所と同じ「当事者」たちを対象としながら、映画の撮り方によって対象がこれほどまでに異なって見えるのかと視聴者を驚かす。比較することで、それが単なる非難でなく、《ザ・コーヴ》の立場と表現の意図さえもが見えてくる。この捕鯨と反捕鯨をめぐるドキュメンタリー作品群を観ると、いかに「表象」が、知覚し表現する者の立場と言説に左右されているかがよく分かる。そして、この「価値の衝突」を乗り越えるには、どちらかの立場に従うという単純なことではなく、たとえ立場が逆であったとしても、問題の真髄は「いのちとの向き合い方」にあり、ひいては捕鯨に限らない私たちの生き方、他種との付き合い方であるという点に筆者の結論は及んでいる。

第三部は「表現媒体としてのメディア」として、「メディアの内を読む」教育実践を二つ紹介しながら、その社会的意義が述べられている。

第七章では、「マルチメディア文化実習」という科目において学生たちにアニメーション制作を促している取り組みについて紹介している。幼少期の頃から現在まで多くの大学生たちにとって「アニメ」はごく身近な娯楽であり、数えきれない数のアニメを目にしている。習慣が身体化をもたらすように、膨大なアニメの視聴の経験によってその構造や特徴は大学生のなかに無意識のうちに内在化されているのだが、本章の筆者はこの実習を通して、あえて主流のアニメのスタイルにとらわれない、内在化された既存のアニメを客体化することを促す。そのために実習では「実験性」を重んじて進められる。さらに、制作された作品をYouTubeで発信することをもう一つの重要な点として挙げている。不特定多数の他者に対して提示するということは、実験性やそれにともなう独創性だけではその作品を観た者の理解を得られないため、そこには一定の「普遍性」が必要となる。すなわち、「観客の理解を助ける普遍性を保ちつつ、実験性や想像力が効果的に示された作品が優れた創造的な作品」となり、本書では学生たちによって制作された5作品についての評価が示されている。この創造的経験が、ひいては学生たちの「社会人基礎力」の育成にもつながると述べている。

続く第八章では、もう一つの教育実践について、人類学からの貢献を意識したかたちで述べられている。言葉も育ってきた環境も大きく異なる人びととの日常的接触を現在のグローバル化社会の特徴とするならば、異文化理解や文化表象あるいはアイデンティティといった問題をテーマとしてきた人類学に課せられる教育役割は大きい。なかでも映像人類学という下位分野において構築されてきた、他者との関係性やコミュニケーションの議論は、現在の映像教育に大いに応用可能である。本書では筆者による「映像制作実習」でのドキュメンタリー映像作品制作の教育実践について紹介している。企画、撮影、編集、上映の各過程が「コミュニケーション」構造の観点から説明され、さらにこれまでに制作された学生たちによる作品の分析から、彼ら彼女らのコミュニケーションの特徴について述べられている。結論では、デジタル化が映像制作を一般の人びとにも身近なものにした一方で、実際に映像作品を作って発信する営みは、「デジタル時代のアナログコミュニケーション」とも呼ぶべく、反って社会との対話的コミュニケーション力を養うものであると述べている。

いずれの実習もプロの映像作家を養成することを一次目的とした取り組みではないからこそ、その焦点は技術の習得ではなく、創造力やコミュニケーション力といった、誰もが社会を生きていくうえで不可欠な基礎力を養うことにある。

本書では、以上八つの章以外にも、各章に関連するコラムが計六本収められている。いずれもメディア教育に携わる執筆者たちからの現代社会へのメッセージとして読んでもらえると幸いである。

序章の最後に、本書の執筆の経緯を簡単に紹介しておきたい。本書の執筆者は全員が大学の教員で、いずれも広い意味での「メディア教育」に携わってきた。本書は、メディアを使って教育することと、メディアを読み解いて教育することをどう両立させるか、どうすれば学生にとってよりよいメディア教育ができるのかを考えてきたひとつの中間報告でもある。したがって、本書の読者は、教育する側と教育を受ける側の両方に設定されているという、ある面ではユニークな挑戦に出ている。各部の最後に学生向けの参考図書を示しているのは、読者それぞれの立場で検討を発展させてもらいたいとの願いでもある。

もちろんこの一冊でメディアのことがすべてわかるなどといいたいわけではない。本書は今日の膨大なメディア世界のなかのいくつかの島々を重点的にとりあげたにすぎず、これとは別様のとりあげ方も当然ありうるだろう。むしろ大切なのは、テレビ番組やゲームやドキュメンタリーといった対象の側にではなく、それをどう用いるか、分析するかという理論や方法の側にある。本書を通じて、メディアを題材にした学問の仕方を少しでも提示できれば幸いである。

第一部　若者たちのメディア環境

第一部には、真実性をめぐる三本の論考がおさめられている。英語でいえば、真実はTruthで、対義語はFalse（虚偽）である。手を離せばボールは垂直に落下する。物理現象ならば、真実はきっぱり証明できるかもしれない。だが、一筋縄でいかないのが人間どうしの営みであり、なかなか推理小説のようには真相があばかれることはない。ましてメディアが間に入ると、何が本当で何がウソかはますますわからなくなる。政治家がいつでも真実を語っていると、素朴には信じられないように。

むろん私たちはここで「これこそが真実だ！」という主張をおこないたいわけではない。そうではなくて、社会現象における真実とは、そもそもがはっきりしないものなのだという前提に立っている。したがって、ここでいう真実とはすべてがカギ括弧付きの「真実」であり、その真実をめぐって交わされる、メディアを挟んだコミュニケーションについて検討するのが第一部の主題（メインテーマ）である。各章の概要については序章ですでに述べたので、ここでは「真実」というテーマから各章をどう読むかを簡単に紹介しておきたい。

第一章では、実際のメディア利用の実態を探るというよりは、真実性（Truth）をひとつのキーワードとして、今日の社会で真実がさほど重視されなくなってきたのか、第二章では、真実に思える情報はいかにして補強されていくのか、そして第三章では、真実の見え方は人によってどのように異なるのかを考えている。メディアを介してやりとりされる、真実とウソとの今日的な関係性を読み解くという意味では、メディア論の古典である、D・ブーアスティンの延長にある議論といえなくもない（ブーアスティン 一九六四）。

これら三つの章は、抽象度の高い社会学の理論研究から実証的なメディア研究へという順で構成されている。いいかえると、今の時代をめぐる大きな話から、ものの見方に関する具体的な話へと展開していくように構成されている。しかしその一方で、三つの論考に共通するのは、真実と呼ばれるものがどこかに唯一絶対の形で実在するのではなく、人びとが信じたいと願っているものの集積が、真実やそれに近い役割を果たすようになるという視点である。

これらを通して執筆者たちが伝えたいのは、今日のメディア現象を読みとくことが、今まで以上に難しくなっているということだ。そして読みとくことが難しいからこそ、現象をわかりやすく単純化してしまいたくなる欲望から、私たちは一定の距離をとらねばならないのだとも思う。良くも悪くも、二一世紀に暮らすわれわれは、真実と虚偽のあわいを生きている。世界は白と黒とに分けられるものではなく、マーブル模様で描かれた絵画のようなものだ。以下の論考が、その微妙であいまいなマーブル色の世界を考える一助となればうれしい。

（木島由晶）

第一章　ポスト真実の時代のメディア
社会システム理論から見たインターネット

名部圭一

1　ポスト真実の時代とインターネット

ポスト真実とトランプ現象

二〇一六年末、イギリスのオックスフォード大学出版局は「今年の言葉」として「ポスト真実（post-truth）」を選出した。ポスト真実とは、「世論形成において客観的な事実よりも感情や個人的な信条にアピールする方がより大きな影響力をもつような状況と関わる、あるいはそうした状況を示す」という意味の形容詞である。この年、大方の予想を裏切り、ドナルド・トランプ氏がアメリカ大統領選に勝利を収め「トランプ現象」とまで言われたが、この選挙期間中に「ローマ法王がトランプ氏を支持」や「ワシントンDCのピザ屋でクリントン氏が児童虐待をしている」といったまったく事実無根の情報がインターネットで飛び交った。このような事実に反しても人びとの感情に強く訴えかける情報によって世論が作られ、ひいては社会に大きな影響を与える状況、それがポスト真実である。トランプ現象は私たちがポスト真実の時代にいる（あるいはそこに入りつつある）ことを象徴する出来事なのかもしれない（池田 二〇一七）。

しかしこうした時代診断について、次のような疑問を抱く向きもあるだろう。事実ではない感情を刺激する情報によって人びとが踊らされるといった状況は、なにも近年になり急に生じた現象ではなく、私たちはもっと前からポスト真実の時代を生きてきたのではないか。そもそも「真実の時代」など存在したのだろうか、と。たしかにマスメディア研究の歴史を紐解いてみると、アメリカのジャーナリストであるウォルター・リップマンは文字や映像を媒介にして構成された世界を「擬似環境」と呼び、こうした環境に生きる人たちはステレオタイプや偏見に支配されやすく、またマスメディアは非合理的な感情へとアピールするため、民衆を理性的な判断を行う「公衆」から一時的な感情に流されやすい「大衆」へと変質させることを憂慮していた（Lippmann 1922＝一九八七：1925＝二〇〇七）。さらにメディア史研究者の佐藤卓己は、日本では戦前まで尊重すべき公論である輿論《よろん》と暴走を阻止すべき私情である世論《せろん》は意識的に区別されていたが、戦後「輿」の字が当用漢字からはずされ「世論《よろん》」に統一されることで、社会情勢は公的な意見よりも大衆の気分に左右されやすくなったと言う（佐藤卓己 二〇〇八）。

情動社会とインターネット

これらの指摘を踏まえると、「現代はポスト真実の時代である」との時代診断は拙速かつ近視眼的な判断であり、「ポスト真実」という言葉そのものが一種のバズワード（一見もっともらしいが意味や定義がはっきりしない流行語）であると言えなくもない。しかしながらわれわれは、それでもなおポスト真実という言葉がいま起こりつつある社会変化の少なくとも「一端」を適切に示していると考える。ここで言う社会変化とは、一時的な集合的感情が社会に影響を与える度合がかつてないほど高まり、しかもそのことが顕在化（可視化）しているという事態である。そしてこのような変化をもたらすのに大きな働きをしているのがインターネットというメディアにほかならない。

アメリカの法学者キャス・サンスティーンは、インターネットで流された情報に対して多くの人の共感が集まることで、同種の情報が雪だるま式に増加し、ときに極端な言動へと収斂していく現象をサイバー・カスケードと呼んだ（Sunstein 2001＝二〇〇三）。これはインターネットが普及し始めた比較的初期の段階で指摘された現象だが、ＳＮＳ隆盛の今日においてもこうした現象は衰退するどころか、いわゆる「ネット（ウェブ）炎上」としてよりその勢いを増しているように思える（田中・山口 二〇一六）。哲学者の大黒岳彦は「ＳＮＳ上で生じているコミュニケーションのほとんどは「意見」の「発信」からは程遠い、情動の爆発・共鳴・伝染である」とし、情動露出（exposure）によって駆動されるようになった（情報）社会を「情動社会」と呼んでいる（大黒 二〇一六、一一五―一一六）。ポスト真実の時代とは社会が情動化の色合いをよりいっそう濃くした時代である。

われわれはこれよりポスト真実の時代における情動社会の理論的分析を試みるが、ここで採用される理論はドイツの社会学者ニクラス・ルーマンの社会システム理論である。ルーマンの理論はわが国の理論志向の強い研究者の多大な関心を惹き、一九九〇年代半ばから後期の著作が続々と翻訳されるとともに、詳細な学説研究も蓄積されつつある（馬場 二〇〇一、長岡 二〇〇六、佐藤俊樹 二〇〇八）。しかしそのあまりにも高い抽象性に加え、ルーマン独特のターミノロジーが頻出することから[1]、多くの研究者が参照する社会理論として広く受け容れられているとはとても言えず、またルーマンの理論を応用する試みもいまだ少ない。ここではルーマンの社会システム理論を、情動社会を駆動するモーターであるインターネット・コミュニケーションの分析に適用する。ルーマン理論の抽象性は、インターネットという抽象的なコミュニケーション・システムを適切に理解することへと貢献するはずである。

2 ルーマンの社会システム理論

秩序問題

本節ではルーマンが展開した社会システム理論の概要を解説する。この理論は、理論社会学の根本問題である「秩序問題（order problem）」に対して答えようとする試みから彫琢された。

社会学の歴史で秩序問題を明確なかたちで提起したのはアメリカの社会学者タルコット・パーソンズである。パーソンズは最初の著作である『社会的行為の構造』（Parsons [1937] 1968＝一九七四―一九八九）において、孤立した行為者が自らの利得を最大にすべく効率的・合理的に振る舞った場合、社会は「万人の万人に対する闘争状態」（ホッブズ）、すなわち一種の無秩序状態に陥るほかないとし、この問題を解決することこそが（理論）社会学の課題であるとした。パーソンズ自身による解答は、簡潔にいえば、「社会秩序は行為者が価値を共有することにより可能になる」というものであり、この解答は価値共有テーゼと呼ばれている。

ルーマンはこうしたパーソンズによる秩序問題の解決は社会学的には不適切であるとして斥ける。パーソンズの解答の何が問題なのであろうか？「社会秩序は行為者が価値を共有することにより可能になる」というテーゼが意味しているのは、具体的にいえば、行為者が「知人と会えば挨拶するのは良きこと」という価値（ルール）を内面化することで、挨拶を交わすという相互作用（秩序）が可能になるということである。しかしながら行為者の見地からは、他者がこうした価値を有しているかはつねに不確実である。私たちは相手が「知人と会えば挨拶すべし」というルールを知っているかを互いに確認してから挨拶したりはしない。価値やルールを共有しているかはわからない状態のなかで「おはよう！」と声をかけ、相手も「おはよう！」と返してきたら、事後的に

「挨拶するのは良きこと」という価値（ルール）を共有していることに気づくにすぎないのだ。つまり、価値共有は行為者の内面を見通すことができる（神のような）超越的な視点からしかわからず、したがって行為者にとって価値共有は行為の動機づけとはなりえない、ということである。

パーソンズによる秩序問題に対する解答の決定的な誤りは、この問題を（社会学的にではなく）心理（学）的に解決しようとした点にある。価値共有テーゼは、価値が共有され複数の行為者の内面（心理）に同一の価値観が形成されると社会秩序は可能になる、と言い換えられるが、これは実質、社会秩序を行為者の内面（心理）によって基礎づけようとする試みにほかならない。ルーマンによると、心理システムを構成する要素は「思考」である。もちろん思考は行為者の相互作用を触発する。喫茶店に入ったら「あっ、知り合いの○○さんがいる！」と思い声をかけ会話が始まるといったように。しかしながら、自己と他者との相互作用において互いの思考内容が取り交わされるなどということはけっして起こりえない。両者の思考はいわばブラック・ボックスであり、「二つのブラック・ボックスは、どんなに努力をしてもまたどれだけ時間をかけても、互いに相手を見通しえないままなのである」（Luhmann 1984＝一九九三―一九九五、一六八）。

コミュニケーション・システムとしての社会

このようにルーマンは、パーソンズは秩序問題の解決を心理システム（思考）の水準で図るものであり、社会学的な解答としては不適切であると批判する。秩序問題は社会学の問題なのだから、その解決は社会の水準に求めなくてはならない、というわけである。では、秩序問題にふさわしい水準であるとされる社会はいったい何によって作り出されているのだろうか？　言い換えれば、思考を構成要素とする心理システムとは区別された社会システムの構成要素は何か？

ルーマンによれば、社会システムを構成する要素はコミュニケーションである。そしてコミュニケーションは情報、伝達、理解という三つの選択過程の総合であると言う（Luhmann 1984＝一九九三—一九九五、二一九）。シンプルな規定ではあるが、あまりにも抽象的であろう。具体的に考えてみよう。

ある男性が思いを寄せる女性に「告白」するという場面を例にとると、彼が彼女に話すテーマはさまざまありうる。明日の天気かもしれないし、今夜のプロ野球の結果かもしれないし、芸能人のゴシップ話かもしれない。これらのなかから「私はあなたのことが好きなので、付き合ってほしい」というテーマを選ぶ。これが情報の選択である。次に、こうして選ばれた情報をどのように伝えるかという次元の選択がある。会って口頭で伝えるか、電話をかけるか、メールを書くか——さまざまな伝達方法から一つを選ぶ。情報の選択と伝達の選択、これらはいずれも情報の送り手側（男性）の選択である。

これに対して、送られてきた情報を受け取る側の選択がある。「僕と付き合ってくれない？」というメールを受け取った女性は、この申し出は本気なのだろうか、ひょっとしたら冗談で言っているのではないかとしばし思い悩む。これが理解の選択である。冗談であると理解した彼女は、今度は情報の送り手側になり「〇〇くん、どうしたの？　酔っ払っているの？」とメールを返す。告白が失敗したと理解した彼は、彼女に電話をかけ「いや、酔ってないよ。本気で言ってるんだ」と真意を伝えようとする。これを受けて彼女は……。

ルーマンが言う、情報、伝達、理解という三つの選択過程の総合としてのコミュニケーションとは、具体的にいえばこのようなものである。コミュニケーションをこのように捉えることのメリットは、社会システムを心理や意識の次元に還元することを回避できる点にある。コミュニケーションはときに「意思疎通」と訳されたりもするが、ルーマンの考えからすると、コミュニケーションにおいて行為者の意思や意図が伝達されるなどということはありえない。皮肉のつもりで言った言葉が伝わらず字義通りに理解されたり、逆に、たんに寝不足のせいで出たあくびが「この講義は退屈である」という情報を伝えていると理解されるなど、意図を基準にするとコミュニケーションにおける理解は「過少」であったり「過剰」であったりする。しかしこうした評価は思考を構成要素とする心理システムの観点からなされたものであり、社会システムとは無関連である。社会システムの観点からすると、行為者の意図がどうであれ、情報、伝達、理解という三つの選択が観察できればそれで十分なのである。

こうしてコミュニケーションに対してさらなるコミュニケーションが接続し、このコミュニケーションにさらなるコミュニケーションが接続し……といった具合にコミュニケーションの連鎖が続き、これが社会システムの秩序を構成する。あくまでもコミュニケーションがコミュニケーションを生み出すのであり（社会システムのオートポイエーシス）、人間がコミュニケーションを生み出すわけではない。人間は社会システムの環境（外部）に属するのだ。社会とはコミュニケーションの連鎖から成る閉じた自律的システムなのである。

3　ルーマンの近代社会論

象徴的に一般化されたコミュニケーション・メディア

前節で、ルーマンが社会システムの構成要素であるコミュニケーションを三つの選択過程の総合、すなわち情報、伝達、理解から成る統一体として把握したことを確認した。「コミュニケーションは、理解が成立したばあいに、またそうしたばあいにかぎって実現されるのである」（Luhmann 1984＝一九九三―一九九五、二三〇）。だが、問題はこれで終わらない。次なる問題は第四の選択にかかわる。すなわち伝達された情報の意味を理解した受け手が、そうした情報を自らの行動の前提として受容するのかそれとも拒否するのか、という選択の問題である。

Aさんが B さんに対して「この文書を明日までに一〇〇枚コピーしておいてください」というメールを送ったケースを考えてみよう。Aさんはさまざまな情報のなかから「一〇〇枚コピーのお願い」という情報を選択し、それをメールにより真面目な文体で伝える（伝達の選択）。これを受け取ったBさんは、これは冗談でも間違いでもなく自分に向けられた命令であると解釈する（理解の選択）。ここで問題となるのは、Bさんがこの命令を受け容れ、明日までに一〇〇枚のコピーをとることはどれほど確かなのかという確実性の問題である。行為者の立場から言い換えれば、Bさんはなにゆえこの命令を受け容れるのか、という動機づけの問題である。

ルーマンはこうした問題をコミュニケーションにおける「成果」の不確実性として捉えている。いま挙げたようなケースで、AさんとBさんがお互いまったく知らない人同士であったとしよう。Aさんの命令をBさんが受け容れるなどということは、およそありそうもない（不確実な）事態であるだろう。では、AさんはBさんの上司、BさんはAさんの部下という間柄であったとしたらどうか。Aさんの命令をBさんが受け容れコピーをとる可能性は、飛躍的に高まるはずである。このように理解が成立してコミュニケーションが実現したとしても、相手が受け容れるかどうかはまた別の事態であり、この受容の可能性にかかわる問題が成果の不確実性にほかならない。

ルーマンによると、この成果の不確実性という問題に対処するため、社会はその進化の過程で特殊なメディアを発展させてきた。それが象徴的に一般化されたコミュニケーション・メディアである（Luhmann 1984＝一九九三―一九九五、二五四）。こうしたメディアは、コミュニケーションにおける受容というおよそありそうもない事態を「ありそうなこと」「確実なこと」へと変換させる働きをもつ。ルーマンは象徴的に一般化されたコミュニケーション・メディアの例として、貨幣、愛、真理、権力などを挙げている。買い物をするとき貨幣を差し出せば受け取ってくれることはほぼ確実であるし、恋人に「来週、いっしょに映画を見に行かない？」と誘えば受け容れられる可能性は高いだろうし、「地球は太陽の周りを三六五日かけて回っている」との説を受け容れるのはそれが科学的真理であるからだ。さきほど挙げた例で、AさんがBさんの上司であれば、Bさんはその命令を受け容れる可能性が飛躍的に高まると述べたが、これをメディア論の文脈で言い換えると、両者のあいだに象徴的に一般化されたコミュニケーション・メディアとして権力が作用しているがゆえに、受容の可能性が高まったということになる。

機能分化とバイナリー・コード

このように、象徴的に一般化されたコミュニケーション・メディアは、伝達された情報を理解した行為者にそれを受容するよう動機づける働きがあるわけだが、貨幣、愛、真理、権力といった各メディアが作用する社会的領域は限定されている。貨幣はもっぱら市場にかかわり、貨幣メディアが作用する領域は経済システムを構成し（Luhmann 1988＝一九九四）、愛が作用するのは親密な人間関係であり、このメディアはとくに結婚と深いかかわりをもつ（Luhmann 1983＝二〇〇五）。同様に、権力が作用する領域は主として政治システムであり（Luhmann 1975＝一九八六）、真理メディアがかかわるのはもっぱら科学（学問）システムである（Luhmann 1990＝二〇〇九）。各メディアはそれに対応する各システムにおいてのみ作用し、その意味で自律的に閉じている。こう述べると、貨幣はどうなのか。それは社会のいたるところに不当なまでに浸透している強力なメディアではないのか、との反論があるかもしれない。[2] たしかに貨幣は生活に必要な物資やサービスが次々と商品化される資本主義社会において、広範囲に作用するコミュニケーション・メディアである。しかしこのメディアが経済システムの外部で作用することはない。貨幣で恋人や科学的業績を買うことはできないのである。

こうしてコミュニケーション・メディアが分出するとともに、社会システムはその機能に応じて複数の自律的なサブシステムへと分かれていく。このサブシステムの機能分化こそが、ルーマンにとって近代社会とそれ以前の社会を分かつ最大のメルクマールとなる。近代社会は、さきに挙げた政治、経済、科学（学問）以外にも法、教育、宗教、芸術などさまざまな領域に分かれ、それぞれがサブシステムを構成する。そして各システムは、象徴的に一般化されたコミュニケーション・メディアとともに、それぞれのシステムに固有のバイナリー・コードを作り出し観察を行う。科学（学問）システムは「真／非真（偽）」というバイナリー・コードを用いて観察を行い、法システムは「合法／不法」というバイナリー・コードによって、宗教システムは「超越／内在」という観点から観察を行う。各システムは固有のバイナリー・コードにのみ基づいて観察し反応を示し、そこに別のコードが入り込む余地はない。たとえばある会社の役員が政治家に賄賂を贈っていたことが発覚したとすれば、貨幣をメディアとする経済システムは「支払い／不支払い」というバイナリー・コードにより観察を行い、売りが殺到することでその会社の株価は急落するだろうが、このシステムにとって「合法か不法か」や「真か偽か」という区別は無関連である。

機能分化の徹底とそれにともなうバイナリー・コードの分出により数多くのサブシステムへと分岐した社会、これがルーマンの描く近代社会像である。こうした社会では、ある現象が複数の観点（バイナリー・コード）から観察されるため、当然、一義的なものではなくなる。地球温暖化という現象を一つとってみても、経済システムが観察すれば、企業は「二酸化炭素排出量を制限すると減益になるのではないか」と危惧を抱き、政治システムは「地球にやさしい政党」を掲げ次の選挙で勝つための絶好のチャンスと捉えるかもしれず、科学システムは「地球温暖化は二酸化炭素の大量排出が原因なのか」あるいは「そもそも地球温暖化は本当に起こっているのか」と疑うかもしれない。このようにそれぞれの認識は各サブシステムの観察と相関的にしか生み出されえず、これらの観察を超越した「本当の実在」などというものは存在しえない。また、全体社会のなかで他のサブシステムよりも優位に立つサブシステムも、各サブシステムの観察を統合する特権的なサブシステムも存在しない。近代社会とは、中心も頂点もない複数の自律したサブシステムがフラットなかたちで並存する社会なのである。

4　マスメディアとインターネット

マスメディア・システムと真実の時代

ルーマンは晩年、マスメディアを社会システム理論の観点から記述・分析するという課題に取り組むようになる。その成果の一つとして刊行された著書が『マスメディアのリアリティ』(Luhmann 1996=二〇〇五)である。[3] ルーマンの手にかかるとマスメディア・システムはどうのように捉えられるのであろうか?

前節で見たように、近代において機能分化した複数のサブシステムは、それぞれのシステムに固有のコミュニケーション・メディアもしくはバイナリー・コードを分出する。マスメディア・システムの分析においてもこの考え方は一貫している。ルーマンによると、「マスメディアというシステムのコードは、情報と非情報の区別である」[4]（Luhmann 1996=二〇〇五、三〇）。ルーマンのこの明言を受けて、なかには次のような疑問を呈する人もいるかもしれない。ルーマンは社会システムの構成要素をコミュニケーションであると主張し、コミュニケーションを情報、伝達、理解という三つの選択過程の総合として捉えた。だとすれば情報の選択は社会システム一般に当てはまる事柄であり、たとえば友人と対面的状況下で会話をするといった相互作用においても情報の選択は行われているのだから（どういう話題を提供すれば会話がはずむだろう）、情報／非情報の区別はなにもマスメディア・システムに固有のバイナリー・コードであるとは言えないのではないか、と。

こうした疑問はたしかにもっともなものである。しかしバイナリー・コードとしての情報／非情報と言われる際の情報とは、情報一般ではなく、より限定された意味合いで使われていることに注意しなければならない。たとえば、ごく普通の学生であるAさんが昼食にカレーライスを食べたとする。たしかにこれも情報になりうるが、当然のことながら、こうした情報をマスメディアが伝達することはありえない。これに対して、来日中のアメリカ大統領が日本の首相と昼食にカレーライスを食べながら会談したとなれば、これはその日のちょっとしたニュースとして新聞、テレビなどのマスメディアによって報道されるであろう。Aさんが昼食にカレーライスを食べたことは、マスメディア・システムにとって非情報であり、アメリカ大統領が食べたことは情報なのである。つまり、マスメディア・システムのコードである情報には、「時事性」「意外性」「新奇性」「規則違反」といった特性が含まれていなければならず、こうした特性をより多く含むにつれ情報の価値が上昇するのである。

これらの特性を基準にしながら情報／非情報の区別を行っているマスメディアのプログラム、それがニュースとルポルタージュである。[5]ニュースは英語でいえばnewという形容詞を語源にして生まれた言葉であることからもわかるように、「新しい」ということを本質的な価値としている。古くなった情報、既知の情報は非情報として扱われ、マスメディア・システムにおいて伝達されることはない。新聞社や放送局はたえず新しい情報を求めているのだ。しかしながら、「新奇性」や「時事性」といった基準はマスメディアが情報を区別する際の必要条件ではあるが、この基準だけを満たしていればニュースとして伝達されるわけではない。この基準にはある重要な制約がある。それはニュースとして伝達される情報は「真実」でなければならない、ということである。報道機関が誤った情報や虚偽情報を報道したことが発覚すれば、番組が中止になったり雑誌が廃刊になったりするほどの致命的なダメージを受ける。いくら目新しく時宜にかなった情報であったとしても、真実ではない情報は伝達してはならない。それほどニュースとルポルタージュにとって真実／非真実という区別は絶対的なものである。

ここで誤解がないように付言しておくと、ニュースとルポルタージュにおいて情報と非情報を区別する絶対的な基準として真実／非真実というコードが敷かれているということは、新聞に書かれていることがすべて真実であるとか、新聞の読者がそこに書かれていることをすべて真実として受容していることをいささかも意味しない（前節で述べたコミュニケーションにおける理解と受容の区別を想起すべし）。新聞が誤った情報を載せることは少なくないし、新聞記事を疑っている読者もいるだろう。しかし○○新聞に書かれていることは嘘ばかりだと立腹している人がいたとしても、真実／非真実というコードは生きている。なぜならその人は「新聞は真実を報道すべき」という「規範的予期（期待）」があるがゆえにそうした態度をとっているのだから。[6] したがって新聞、雑誌、放送といったニュースとルポルタージュをプログラムにしているマスメディアは「真実の時代」を象徴するメディアであると言える。

インターネット・システムのバイナリー・コード

ルーマンは膨大な数の著書と論文を残し、[7] 一九九八年にその生涯を閉じた。九〇年代の後半といえば、一九九五年にマイクロソフト社のOS（オペレーション・システム）であるWindows95が発売されたのを機に、インターネットがしだいに私たちの生活へと浸透しつつある時代であった。大黒は「ルーマンは、インターネットという新しい〈メディア〉の登場を目の当たりにして、〈次〉なる社会構造、すなわちポスト「機能的分化」構造の胎動を予感したはずである」（大黒 二〇一六、一五三）と言う。しかし残念なことに、ルーマンが社会システム理論の観点からインターネットを分析することは、時間が許さなかった。われわれはこのルーマンがやり残した課題を引き受け、社会システム理論を適用してインターネットがどのような特徴をもつコミュニケーションなのかを明らかにしたい。

インターネットのコミュニケーションを全体社会のサブシステムとして分析しようとするなら、当然、このシステムで働くバイナリー・コードは何であるかが問われなければならない。われわれはインターネット・システムのバイナリー・コードは「接続／非接続」であると考える。[8] ここで言う接続とは、伝達された情報に対してなんらかの反応（レスポンス）を誘発する作用を意味する。このコードの特質を明らかにするために、マスメディア・システムのコミュニケーションと対比してみよう。

マスメディア・システムにおいては「情報／非情報」というバイナリー・コードによる観察が行われ、新奇性や時事性をともなう情報が伝達されるわけだが、受け手がそうした情報をどのように理解しているのかを送り手が把握することは難しく、把握できたとしてもそれには大幅な時間を要する。このシステムの受け手は送り手と情報が伝達される時空間（コンテクスト）を共有しない不特定多数であり、また情報に対する反応を即座に示すことも容易ではないからである。[9] だが、こうしたマスメディア・システムの特徴は、コミュニケーションの「接続」という点ではむしろ有利に働く。というのも送り手は受け手が情報を正しく理解しているか、好意的に受け止めているかといったことを気にすることなく、次々と新しい情報を伝達することができるからである（名部 二〇〇八、一三三―一三四）。つまり受け手の理解が不確かであるがゆえに、「マスメディア・システムはコミュニケーションの接続の連鎖を途切れさせることなく存続を維持できる」（大黒 二〇〇六、三二二）のである。このようにマスメディア・システムにおいては、コミュニケーションの「接続」が問題として顕在化することはない。

これに対してインターネットにおいては「いかにしてコミュニケーションを連鎖的に接続させるのか」という問題が顕在化する。たとえば「5ちゃんねる」のようなネット掲示板に書き込みをするといったケースを考えてみよう。最初にスレッドを立てるときに最も重要なのは、次の書き込みを誘発するような書き込みをしなければならない、ということである。後続の書き込みがなされないと、書き込みの連鎖を構成要素とするというネット掲示板の特質上、そのスレッドは（ひいては掲示板そのものが）死んでしまうことになるからだ。インターネットにおいて「接続」がクリティカルな問題として浮上するというのは、このような意味である。

そう考えるとインターネットのコミュニケーションは、会話のような対面的な相互作用と似た特質を有していることが見えてくる。マスメディア・システムにおいて重要なのは情報の価値であった。人びとの興味関心をそそるような情報を次々と伝達することこそがマスメディアの働きである。これに対して対面的状況下の相互作用においては情報の価値は相対的に低下するとともに、伝達の価値が上昇する。なぜなら、そうした状況では「何も言うことがなくても、何かを話さなくてはならない」（Luhmann 1996=二〇〇五、三一）からである。会話が途切れてしまい気まずい思いをしたという経験は誰にでもあるだろう。会話のような対面的相互作用にあっては、情報の内容は何であれ、とにかく伝達し続けること、言い換えれば接続の連鎖を絶やさないことこそが、このコミュニケーションにとって最も重要なことなのである。

インターネット・システムの情報選択

だとすればインターネット・システムは、会話のような相互作用と同質のコミュニケーションであると見なしてよいのであろうか？　接続志向のコミュニケーションの特殊形態がインターネットなのか？　たしかに接続（伝達）の問題が顕在化するという点でインターネットと相互作用は共通点をもつ。しかし情報価値という観点から見ると、これら二つのコミュニケーションの性質はまったく異なっている。ポイントとなるのは情報が伝達される受け手の特質である。会話のような対面的相互作用において情報の受け手となるのは、通常、既知の特定の他者である。それゆえ何を話題として提供するかという情報選択を行う際――それは会話を途切れさせないような情報でなければならない――、これまでのコミュニケーションの履歴から相手の興味関心に合った情報を選ぶことは比較的容易である。対して、ネット掲示板のようなコミュニケーションにあっては、受け手はつねに不特定多数である。もちろん○○板、××板といったように主題によって掲示板の種類は分けられているが、ネット環境が整っている限りあらゆる人がネット掲示板にアクセスすることができる。この意味でインターネットのコミュニケーションはマスメディア・システムと共通点を有していると言える。

このことは情報の選択という点でも、インターネット・コミュニケーションにマスメディア・システムと同様の問題をもたらす。マスメディア・システムが情報／非情報というバイナリー・コードを用いて観察を行う際、そこで選択された情報はただの情報であってはならず、新奇性や時事性といった特性が必要とされることはすでに確認した。これは受け手が不特定多数であるため、誰しもが興味関心を持ちやすい情報を伝達しなければならないからである。[10] このことはインターネットにも当てはまる。インターネットも情報の受け手は不特定多数であるため、意外性や新奇性をともなった情報を伝達することが必要となる。

しかしインターネット・システムとマスメディア・システムの類似性はここまでである。マスメディア・システムのプログラムの一つであるニュースとルポルタージュにおいて情報を選択し伝達する際、そこに大きな制限がかけられていた。それは伝達された情報が「真実」でなければならないということである。ニュースとルポルタージュには、「意外性」「時事性」「規則違反」といった基準のみならず、それが真実であるか否かという観点からも情報／非情報の選別を行うことが求められているのだ。これに対してインターネット・システムにとって真実／非真実という区別はさして重要ではない。なぜか——インターネット・システムでは接続／非接続の区別の方がはるかに重要だからである。インターネットの場合、マスメディア・システムのように真実の情報を伝達し続けるだけでは、システムは回らない。[11] 真実をいくら書き込んだとしても、後続のコミュニケーションが接続しなければこのシステムは作動を停止してしまうからだ。インターネットにときに目を覆いたくなるような差別的な発言や扇情的な物言いが横溢するのは、そうした情報は感情に訴えかけることで読み手の反応（共感であれ、反感であれ）を喚起し、次なるコミュニケーションの接続を容易にするからである。[12] 逆に、誰もが知っている正しい情報（真実）は反応のしようがなく、コミュニケーションの流れを阻害するため、インターネットにおいては流通しにくい。悪情報は良情報を駆逐する（Bad information drives out good.）——ポスト真実の時代のグレシャムの法則である。

インターネットにおいて真実ではない情報が流され、共感や反感をともないながら瞬く間に流通するのは、これまで見てきたようなインターネットに固有のコミュニケーション特性によるものである。まとめると、接続／非接続をバイナリー・コードにしながら情報の選択を行い、そうして選ばれた新奇性や意外性をともなった（かならずしも真実ではない）情報が不特定多数の他者に向けて伝達され、それに対する反応として接続／非接続の観点から選択された情報が不特定多数の他者に伝達され、さらにそれへの反応として……といった再帰的な構造をもつコミュニケーション・システム、それがインターネット・システムである。その意味でインターネットはポスト真実の時代ときわめて親和性の高いメディアであると言えるだろう。

注

1 Baraldi, Corsi und Esposit（1997＝二〇一三）は、こうした「ルーマン語」を解説した用語集である。

2 こうした状況を「システムによる生活世界の植民地化」と呼び、近代社会を批判したのがドイツの哲学者ユルゲン・ハーバーマスである（Habermas 1981＝一九八五―一九八七）。ルーマンは一九六〇年代末に行われたハーバーマスとの論争によりその名を高めたが、当時から両者の社会の捉え方は大きく異なり、このことは近代社会に対する評価の違いにもつながっている（Habermas/Luhmann 1971＝一九八四―一九八七）。

3 この著書は一九九四年七月十三日にデュッセルドルフ市で行われた講演に基づいており、初版が一九九五年に出され、翌一九九六年に大幅な改稿を経て第二版が刊行された。

4 こう述べると、当然のことながら、ではマスメディア・システムのコミュニケーション・メディアは何なのかという問いが浮上する。しかし残念なことに、ルーマンはこの問いに対して明確な答えを出していない。大黒はマスメディアに関する数々のルーマンの論文・著作を検討することで、それは「世論（öffentliche Meinung）」であると結論づけている（大黒　二〇〇六、三三五）。

5　ルーマンが言うプログラムとは（テレビやラジオの）「番組」のことではない。バイナリー・コードを実際に適用する際、A／非Aという区別の具体的内容を決定する基準となるのがプログラムである（Luhmann 1984=一九九三―一九九五：五八九）。マスメディア・システムのプログラムとして、ルーマンはニュースとルポルタージュ以外に、広告とエンターテイメントを挙げている（Luhmann 1996=二〇〇五：七〇―九六）。

6　規範的予期とは予期はずれが生じたとしても、学習を行わず元の予期内容を変更しない予期をいう。これに対して、予期はずれが生じると学習して予期内容を変更する予期を「認知的予期」と呼ぶ。規範的予期が制度的に体系化されたものが法である（Luhmann 1972=一九七七）。

7　著書は約八〇点、論文は約四〇〇点を数える。

8　社会学者の北田暁大は、ルーマンの社会システム理論を援用しながら、公共性志向のコミュニケーションのモードを「秩序の社会性」、接続志向のコミュニケーションのモードを「つながりの社会性」とし、後者はインターネットや携帯電話のコミュニケーションに見られる特徴であると言う（北田　二〇一一、一三八―一四一）。しかしルーマンの考えを厳密に適用すると、社会システムはコミュニケーションの連鎖的接続によって秩序を構成しているのだから、つながりの社会性は全体社会のあらゆるシステムを貫徹する特徴であるはずだ。問題は秩序／つながりの区別ではなく、社会システム一般に接続への志向があることを押さえた上で、インターネットに固有の接続のモードとは何かを明らかにしなければならない。

9　近年急速に広まったツイッターなどのSNSと連動したテレビ視聴（ソーシャル・ビューイング）はこのような状況を変えつつある。しかしながら、参与者の相互モニタリングによりコミュニケーションの軌道修正が可能な相互作用とは異なり、マスメディア・システムの場合、送り手がツイッターの反応を見て即座に番組内容を大幅に変えるなどということは、事前収録の番組はもちろん、生放送であったとしてもきわめて難しい。

10 それゆえマスメディアは視聴率、発行部数などの「量」に、コミュニケーションの成否を測る指標として多大な関心を示す。これはたんに営利上の問題（低視聴率だとスポンサーがつかない）というだけではなく、マスメディア・システムの特性という観点から理解しなければならない。

11 当然のことながら、インターネットの情報には「真実」も多々含まれている。われわれが主張しているのは、情報が真実であるかどうかを主要コードにしてインターネット・システムのコミュニケーションは作動していない、ということである。

12 社会学者の鈴木謙介は初期の2ちゃんねるに典型的に見られた、反応を誘発するような情報（ネタ）と戯れるさまを「ネタ的コミュニケーション」と呼んでいる（鈴木 二〇〇二、二一一）。

参考文献

Baraldi, Claudio, Giancarlo Corsi und Elena Esposito, 1997, *GLU: Glossar zu Niklas Luhmanns Theorie sozialer Systeme*, Suhrkamp.（＝二〇一三 土方透・庄司信・毛利康俊訳『GLU――ニクラス・ルーマン社会システム理論用語集』国文社）

Habermas, Jurgen, 1981, *Theorie des kommunicativen Handelns*, 2 Bde., Suhrkamp.（＝一九八五―一九八七 河上倫逸ほか訳『コミュニケーション的行為の理論（上・中・下）』未來社）

Habermas, Jurgen / Luhmann, Niklas, 1971, *Theorie der Gesellschaft oder Sozialtechnologie*, Suhrkamp.（＝一九八四―一九八七 佐藤嘉一・山口節郎・藤澤賢一郎訳『批判理論と社会システム理論――ハーバーマス＝ルーマン論争（上・下）』木鐸社）

Lippmann, Walter, 1922, *Public Opinion*, Macmillan Company.（＝一九八七 掛川トミ子訳『世論（上・下）』岩波書店）

――――, 1925, *The Phantom Public*, Transaction Publishers.（＝二〇〇七 河崎吉紀訳『幻の公衆』柏書房）

Luhmann, Niklas 1972, *Rechtssoziologie*, 2 Bde., Rowolt.（＝一九七七 村上淳一・六本佳平訳『法社会学』岩波書店）

――, 1975, *Macht*, Ferdinand Enke Verlag.（＝一九八六 長岡克行訳『権力』勁草書房）
――, 1983 *Liebe als Passion: Zur Codierung der Intimitäit*, Suhrkamp.（＝二〇〇五 佐藤勉・村中知子訳『情熱としての愛――親密さのコード化』木鐸社）
――, 1984, *Soziale Systeme*, Suhrkamp.（＝一九九三―一九九五 佐藤勉監訳『社会システム理論（上・下）』恒星社厚生閣）
――, 1988, *Die Wirtschaft der Gesellschaft*, Suhrkamp.（＝一九九四 春日淳一訳『社会の経済』文眞堂）
――, 1990, *Die Wissenschaft der Gesllschaft*, Suhrkamp.（＝二〇〇九 徳安彰訳『社会の科学（1・2）』法政大学出版局）
――, 1996, *Realitäit der Massenmedien*, 2. erweiterte Auflage, Westdeutsche Verlag.（＝二〇〇五 林香里訳『マスメディアのリアリティ』木鐸社）
Parsons, Talcott [1937] 1968, *The Structure of Social Action*, Free Press.（＝一九七四―一九八九 稲上毅・厚東洋輔・溝部明男訳『社会的行為の構造（一―五）』木鐸社）
Sunstein, Cass, 2001, *Republic com.*, Princeton University Press.（＝二〇〇三 石川幸憲訳『インターネットは民主主義の敵か』毎日新聞社）
池田純一 二〇一七『〈ポスト・トゥルース〉アメリカの誕生――ウェブにハックされた大統領選』青土社
北田暁大 二〇一一『増補 広告都市・東京――その誕生と死』筑摩書房
佐藤卓己 二〇〇八『輿論と世論――日本的民意の系譜学』新潮社
佐藤俊樹 二〇〇八『意味とシステム――ルーマンをめぐる理論社会学的探究』勁草書房
鈴木謙介 二〇〇二『暴走するインターネット』イーストプレス
田中辰雄・山口真一 二〇一六『ネット炎上の研究』勁草書房
大黒岳彦 二〇〇六『〈メディア〉の哲学――ルーマン社会システム論の射程と限界』NTT出版
―― 二〇一六『情報社会の〈哲学〉――グーグル・ビッグデータ・人口知能』勁草書房

長岡克行　二〇〇六　『ルーマン／社会の理論の革命』勁草書房
名部圭一　二〇〇八　「テレビ視聴のスタイルはどのように変化したか――能動的受け手とツッコミの変質」南田勝也・辻泉編『文化社会学の視座――のめりこむ文化とそこにある日常』ミネルヴァ書房　一二九―一四六頁
馬場靖雄　二〇〇一　『ルーマンの社会理論』勁草書房

読書案内

①　ゲオルク・クニール、アルミン・ナセヒ　一九九五　『ルーマン 社会システム理論』新泉社
ルーマン社会学への導入としてはまずこの著作を。ルーマンが独自の用語を駆使することでどのような社会観（とくに近代社会のイメージ）を提示しようとしているかが理解できる。

②　公益財団法人たばこ総合研究センター編　二〇一七　『談 no.109〈ポスト真実〉時代のメディア・知性・歴史』水曜社
「ポスト真実」について社会学者とジャーナリストによるアカデミックな考察が語られているムック本。巻末の文献案内も有益。

第二章　ゲーム悪玉論の構図

ゲームはなぜ敵視され続けるのか

木島由晶

1　悪玉論の生成

ゲームを語る常套句

ゲームはすでに遊びではない／もうひとつの現実が存在／虚構と現実／区別つかない／このままじゃ子供達が危ない！

これはラップグループのスチャダラパーが一九九一年に発表した「ゲームボーイズ」という楽曲の歌詞（リリック）である（図1）。スチャダラパーがこの曲で「ネタ」にしたのは、ビデオゲーム（以下、ゲーム）に対して良識的な大人がいだく紋切り型の反応だった。すなわち、ゲームをしていると、虚構と現実の区別がつかなくなる。ゲームのなかで敵をたおすのと同じように、現実生活でも他人に暴力をふるい、そのことに心を痛めなくなる。今の子どもたちはモニター画面とばかり向きあっているので、他人と上手にコミュニケーションをとる能力に欠けている。心身ともにすこやかな青少年を育てるためには、屋外で仲間と遊び、スポーツでさわやかな汗

図1　ジャケットもスタイリッシュな『ゲームボーイズ』のレコード

を流すことが望ましいだろう……。こうした論調に対する皮肉である。

　ここで批判されているのは、今風にいえば「老害」的な反応だ。大人はしばしば、自分が若者であったころのことを棚にあげて「今どきの若者」を叱る。自分が理解できないことに対して、もっともらしい理屈を付けては、頭ごなしに否定しようとする。若者文化のなかで急速に市民権をえたゲームは、その格好の対象だった。すなわち、自分はゲームであまり遊ばないし、ゲームのことはよくわからないけれども、ゲームのせいにしてしまえば、今の若者がダメな理由を十分に理解できた気でいられる――そうした大人の側の偏見とプライドが後押しして、ゲームが流行すると同時に、ゲームを批判する常套句もまた「流行」したのである。

　スチャダラパーは、そうした大人たちの態度を仮想敵に見立てて、ラッパーの世界でいう「ビーフ」（口論）や「ディス」（悪口）の作法にのっとり、曲のなかでそれを格好悪いことだと茶化した。この曲がリスナーの心にグサリと突き刺さるのは、自分もそうした態度をとってしまうことがあるからだし、ゲームにかぎらず、大人はいつだってそのように若者を批判してきたからだ。つまり「近所にそういう説教オヤジがいて、ウザい」という話ではなく、誰もがそうしてわかった気分になってしまいがちだという「あるあるネタ」を突きつけられたので、リスナーは「そうだ！」とうなずきながらも、「そうならないように気をつけよう」と気を引き締めたのである。

けれどもこうした皮肉は、ゲームに一度ものめり込んだことのない人には届かないものだ。現に新聞の投書欄では、今でも「子どもがゲームに依存していて心配です」といった声が途切れることはない。当然、ゲームばかりをしていれば生活に支障をきたすこともある。近年ならば、ゲームのアプリになけなしの貯金を全額つぎ込むような事例はありふれているだろう。ただしここで考えたいのは、ゲームをするとどういう悪影響が生じるのかではなく、その悪影響を心配する言説（以下、ゲーム悪玉論）が、どうして今もなお反復され続けるのかという仕組みの側にある。この理由の一端を明らかにすることで、わたしたちはゲームの影響を過大に評価することも、過小に評価することもなく、メディアと文化の関係を柔軟に考える視点を獲得できるだろう。

不健康の言説

ゲーム悪玉論は、大きく不健康を指摘する言説と、反道徳を指摘する言説に区別できる。不健康の言説とは、視力の低下や運動能力の減退など、ゲームの影響を身体面から心配するもののことだ。こうした言説は、ゲームが社会的に注目されはじめた一九七〇年代の後半からみられるようになり、『スーパーマリオブラザーズ』（一九八五年）のヒットで市場がわき立つ一九八〇年代の半ばごろから、多くの人びとに知れわたるようになったと考えられる。

当時の不安を示唆しているのは、ゲームの流行がしばしば「シンドローム」[1]という言葉で語られたことだ。すなわち、一九八〇年代の半ばから爆発的に家庭に浸透していく「ファミコン」（任天堂の家庭用ゲーム機ファミリーコンピュータ）は、多くの人びとの目には病的な含みを感じさせる社会現象として映った。なかでも不思議がられたのは、主要な遊び手であった小学生が急速にゲームに熱中していったことであり、そのため不安の焦点は、子どもたちが外で遊ばなくなり、家にこもってテレビ画面を見続けることへと向けられている。[2]

こうした言説の浸透ぶりは、「ゲームは一日一時間！」という言葉によく表れている。これは昭和のゲーム史を代表する有名人だった、高橋名人（ゲーム会社ハドソンの社員だった高橋利幸氏）の決め台詞である。酒であれ薬であれ、何事もすぎれば毒となるものだから、ゲームに熱中しすぎた場合も当然、健康被害は避けられない。つまり高橋は、子どもたちの人気者という立場を背負って、ゲームのやりすぎを心配する大人たちの声を代弁していたのだった。

世間と愛好者との溝

一方、反道徳の言説とは、虚構と現実の混同、リセット思考、暴力性の強化といった、ゲームの影響を精神面から心配するものをさす。これは国民的なコンピュータRPGとしての人気を定着させた『ドラゴンクエストⅢ』（一九八八年）の発売を契機として、一気に注目されるようになった言説と考えられる（図2）。そこには世間とゲームファンとの溝、つまり、ゲームにうとい人たちとゲームを好きな人たちとの間の認識のギャップが、極端な形で表れていた。

『ドラクエⅢ』の発売をめぐる認識のズレは、以下のように解釈できる。まず、このころまではまだ、世間一

図2　コンピュータRPGを定着させた『ドラクエⅢ』の広告

般にはゲームの人気は一過性のもので、その流行はすぐに収束するはずだという認識のほうが強かった（栗原 一九九三）。ゲームに興味のない人からすれば、ハードとソフトの区別もつかないし、任天堂以外にセガやエポック社がゲーム機を発売していたことも知らない。つまりゲームといえば猫も杓子も「ファミコン」だったのであり、それは（昭和期を代表するヒット商品である）フラフープやダッコちゃん人形と同様に、すぐに消費されて飽きられる「子どものおもちゃ」にすぎないと考えられていた。

だが、こうした認識にあらがうかのように、『ドラクエⅢ』は大人も含めてゲームファンたちの期待を高めていった。今でこそ、新型のゲーム機や人気ソフトの発売日に、ヨドバシカメラのような大型家電店に長蛇の列ができることはめずらしくない。けれども当時はそうした事態はまれであり、おまけにソフトの流通経路もととのってはいなかった。すなわち、楽天市場やAmazonのような通販サイトでソフトを事前に予約することも、ローソンやセブンイレブンのようなコンビニでそれを受け取ることもできなかった。

そのため、当時のゲームファンにとっては、『ドラクエⅢ』を確実に手に入れ、いち早く遊ぶことが——今日において想像されるよりもはるかに強く——クラスや職場で尊敬や嫉妬のまなざしを浴びるステータスになっていた。だからこそ、ソフト発売の数日前から学校や会社を休んで行列に加わる（またはクリアするまで学校や会社を休み続ける）、小売店は売れないソフトと抱きあわせて販売する、運悪くソフトを買えなかった人が運よく買えた人をカツアゲ（恐喝）する……といった事態が生じ、マスメディアはこぞって、そうした姿をセンセーショナルに報道したのである。

反道徳の言説は、このような認識のギャップを背景にして、ひときわ強い説得力をもつ。換言すると、『ドラクエⅢ』に群がるファンたちの異様な熱狂（と映るもの）は、ゲームにうとい人びとにとって、底の知れない不安を感じさせた。この不安を当時、先駆的な形で言葉にしたのが写真家の藤原新也であり、したがって藤原の指摘は、以下で確認するように、反道徳の言説の典型として理解できるだろう。

2　悪玉論の定着

反道徳の言説

反道徳の言説の特徴は、世間をにぎわす凶悪犯罪の原因に、ゲームのもたらす精神的な悪影響を読みとることである。[3] 一九八八年に東京・目黒区で起きた、中学二年生による一家三人殺しの犯行を、藤原は次のように解釈している。有名な文章だが、ここであらためて確認しておこう。

目黒の中学生による家族殺害事件の報道に接したとき、まずわたしの脳裏に浮かんだものは、なぜかそのドラゴンクエストの画面だった。というのは、少年が殺害を果たすとき、金属バット、包丁、電気コード、と少なくとも三種類の凶器を用意したとあったからである。［中略］シミュレーション世代においては虚構の側からの現実の浸食がはじまっているのだ。つけ加えるならテレビゲーム画面の中のわたし（主人公）は死んでも何度も生きかえることになっている。ひょっとしたら少年は自殺の意味を知らないでいるのかもしれない（朝日新聞 一九八八年七月一九日付朝刊）。

ここにはすでに、後のゲーム悪玉論に頻出する論点が出そろっている。すなわち、犯人はゲームのやりすぎで虚構と現実の区別がつかなくなったこと（「ゲーム感覚」で人を殺したこと）、ゲームをリセットする感覚で一度きりの人生をとらえていたこと（「死んでも生き返る」程度の気もちで考えていたこと）、ゲームが引き金となって犯人の暴力性が強まったことである。

このような目線で事件を眺めたとき、藤原の目にはあたかも、現実の事件に虚構の作品が影響しているように思えたにちがいない。殺害のために用意された凶器は、ゲームのなかで主人公が収集する武器を彷彿とさせただろうし、犯人が殺害への協力を求めて呼びだそうとした友人たちも、ゲームのなかで主人公がパーティ（徒党）を組む仲間たちを連想させたはずである。すなわち、常識ではありえない犯罪だったからこそ、非常識な類推もそれらしく思える。中学生の一家三人殺しは、「虚構の側からの現実の浸食」という荒唐無稽な解釈を持ちださなければ、到底、納得できない事件であった。

おりしもこのころは、おたく（オタク）に対する社会のイメージが失墜した——正しくは、悪いイメージをともなって世間に登場した——時期である。一九八八〜八九年は、東京・埼玉連続幼女誘拐殺人事件の起こった時期に相当する。事件は、犯人が殺した幼女にいたずらをしただけではなく、人体の一部を切断して食べていたことも判明して、日本中の人たちを震えあがらせた。「おたく」や「ロリコン」といった言葉が一般の人びとにも知られるようになり、それが「性犯罪者予備軍」という差別的なイメージと結びつけられて報道されたことも大きな特徴である。

つまりこの報道は、メディアが人間に強力な影響を与えるという印象を、多くの人びとに植えつけた。とりわけ、犯人の住んでいた部屋から五七〇〇本以上のビデオテープが発見され、そのなかに大量のアニメやポルノグラフィ、ホラーが含まれていた（と報じられたこと）で、人びとはそうした作品からの悪影響を強く心配するようになる。[4] いいかえると、暴行、監禁、強姦、殺人など、不可解で凶悪な犯罪が生じた原因を、ゲームやアニメに求める言説は、このころからなんらめずらしいものではなくなっていくのである。

悪玉論の影響力

さて、ここまでの検討からうかがえるのは、ゲームの悪玉論が本格的に浸透していくうえで、少なくとも二つの条件が必要だったということだ。

ひとつは、ゲームは遊び手の心に悪影響をもたらすという印象が、人びとの間で共有されることだ。ゲームの悪影響が身体的なものに留まっているなら、わたしたちはそこまでゲームを問題視しない。それはラーメンが好きな人に塩分のとりすぎを、ハンバーガーが好きな人に肥満を警告するようなもので、不健康が問題であるなら、それはおおむね自己責任で片がつく話である。

だが、仮にその影響が精神的なものでもあると信じられた場合、わたしたちはゲームを容易に無視することができない。無気力であれ暴力的な性格であれ、それは集団生活に支障をきたし、対人関係にトラブルを生む要因とみなされてしまう。つまり、問題が反道徳的なものであればあるほど、それは他人や社会を傷つける脅威として認識せざるをえなくなる。

もうひとつの条件は、衝撃的な事件が生じた原因をゲームに求めることである。社会心理学者の坂元章は、過去の悪玉論を網羅的に検討した論文で、「テレビゲームの悪影響論は、五年程度のサイクルで繰り返し盛んになっており、暴力性に対する悪影響論は常に、その中心的なものであった」(坂元 二〇〇三→二〇〇七、一八七)と指摘している。

これはすなわち、ゲームの悪影響がつねに継続して問題視されてきたというよりは、世間をにぎわす事件の発生をきっかけにして、その時々で議論が呼び起こされてきたことを意味している。逆にいうと、世間をゾッとさせる事件が起こらなければ、誰もゲームのせいにはしない。ここには、ゲーム自体が悪質なものというよりも、それを悪質であると信じたい人びとの意識が投影されているように思われる。

だとすると注目すべきは、ゲームが遊び手の心にもたらす影響よりも、その言説が世間にもたらす影響のほうだろう。坂元によると、ゲームの悪玉論がくり返し指摘されたことで、それは「司法、行政、テレビゲーム業界などに対して、少なからず社会的影響力を持ってきた」(同、一八九)。司法の面では、判決の根拠にゲームの悪影響が持ちだされるようになり、行政の面では、子どもを過度にゲームに浸らせない「心の教育」が推奨されはじめ、そしてゲーム業界は第三者機関を立ちあげて、倫理的に問題がありそうなソフトにはあらかじめ年齢制限を設けたりするようになった。

当然、その影響は学術研究にもおよんでいる。ゲームの悪影響をたしかめる研究は、『ドラクエⅢ』の発売時にはまだめずらしかったが、一九九七年の神戸連続児童殺傷事件(酒鬼薔薇聖斗事件)をきっかけに活性化した。坂元によると、「一九九七年よりも以前の研究では、テレビゲーム使用と暴力性の間の関連性は、因果関係についても相関関係についても全く見られていない」。けれども、立体映像技術(3DCG)が向上するにつれて、研究者の間でも「暴力的テレビゲームは人々の暴力性に影響を与えうるとする見方が強まっている」という(同、一八六)。

もっとも、坂元の指摘は世のゲーム悪玉論を肯定するものではない。坂元は「テレビゲーム遊びは全面的に悪影響があるかのような議論がときに見られるが、それは妥当ではなく、悪影響を持ちうるゲームは一部であると考えられる」とし、坂元たちがおこなった実験でも、「現実性の高い」ゲームの一部に「ゲーム遊び直後の短期的な」影響が確認されるにとどまると述べて(坂元他 二〇〇一→二〇〇七、二一七)、ゲームが与える影響にも、作品ごとにさまざまな次元があることを示している。

自己成就的な効果

このようにゲーム悪玉論は、社会の多くの領域に強い影響をもたらした。このとき看過されやすいのは、ゲームを敵視する言説が広まった結果、その認識が「正しい」と思えるような方向へと、社会の側が変化していったことである。

これは自然現象にはない、社会現象ならではの特徴である。天災と人災のちがいで考えると、まず自然現象の場合は、人間が信じようと信じまいと、その結果は変わらない。たとえば地震は、その危険が人びとに認識されているかどうかに関係なく、起こるときには残念ながら起こる。しかし社会現象が厄介なのは、人間が信じることで結果が変わりうる点にある。たとえば戦争は、「避けられない」という噂が人びとに広まることで、本来ならば起こりえなかったそれが実現してしまうことがある。つまり社会現象の場合は、人びとに強く信じられた場合、なかったはずの現実が、あるように姿を変えてしまったりもする。[5]

この現象は、社会学者のR・K・マートンが提示した「自己成就的予言」(self-fulfilling prophecy)という言葉で知られている(マートン 一九六一)。いわば、火のないところに煙を立てるのが自己成就的予言のメカニズムである。[6] この考えにしたがうと、ゲームの悪影響があるから悪玉論がくり返されるという常識的な理解とは別に、悪玉論がくり返されるからゲームが悪者になる側面にも、理解がおよぶはずである。

すなわち、ゲームの悪影響を懸念する教育が推進され、悪影響を根拠に罪人が法で裁かれ、悪質なソフトの販売が規制されるといった社会の体制がととのうほどに、ゲームが遊び手の心に悪影響をおよぼすという認識はますます説得力を高め、かえって悪玉論の「正しさ」を補強するように働きかけたりもする。そしてじっさい、このことをもっとも極端な形で示していたのが、脳科学者の森昭雄が二〇〇二年に刊行した著書、『ゲーム脳の恐怖』であった。

3 悪玉論の補強

印象論から疑似科学へ

順を追って検討しよう。悪玉論との関係で考えた場合、『ゲーム脳の恐怖』が画期的だった点は二つある。第一は、それまで印象として語られてきたゲーム悪玉論に、科学者からのお墨つきを与えたことだ。それまでの悪玉論は、藤原新也に象徴されるように、みずみずしい感性をもつジャーナリストが、同時代の社会の病巣に鋭く

図3 読者を不安にさせる『ゲーム脳の恐怖』のコピー

メスを入れたからこそ、多くの人びとに共感された。つまりそこには、人びとがゲームに抱いていた漠然とした不安を、いち早く、そして的確に言語化するセンスがあった。

一方、これに対して森昭雄は、実験機器を用いた脳波の測定という手順を踏み、ニューロンや大脳新皮質といった専門用語を用いて、その印象に科学的な裏づけを与えようとした。このことは、「これまで心配されてきたテレビゲームの影響を、初めて目に見えるかたちで表しています」（森 二〇〇二、六）という森の言葉に表れているだろう。これはまさしく、ゲーム悪玉論の「正しさ」を補強する言説である。

第二は、難解であるはずの専門的な議論が、きわめて単純に主張されたことである。帯に記された「テレビゲームが子どもたちの脳を壊す！」というキャッチコピーが、この本の過激な主張を要約している（図3）。つまりゲームを遊んでいる人の脳波が認知症の患者に似ているというのが最大の主張であり、子をもつ親が一番気にしてしまう不安を、この本は強くあおりたてたのだった。

もっとも、それ以上に重要なのは、『ゲーム脳の恐怖』がとても便利な本だった点にある。いいかえると、この本はゲームの悪影響を信じたい人たちにとって、二重の意味で使い勝手のよい材料を提供したと考えられるのだ。

汎用性のある詭弁

どういうことだろうか。『ゲーム脳の恐怖』の使い勝手のよさは、内容と表現の二つの側面から指摘できる。まず内容面から検討すると、この本では、ゲームをまったくしない人の「正常」な脳波と、幼少期からゲームに熱中していた人の「異常」な脳波が対比されている。具体的には、「小学校低学年あるいは幼稚園児から大学生になるまで、週四〜六回、一日二〜七時間テレビゲームをおこなっていた人たち」(同、九九)の脳波がおかしいのだという。

森はまた、異常な脳波を示す「ゲーム脳人間タイプ」には、共通した特徴がみられるともいう。すなわち、このタイプの人間は概して表情に乏しく、「ぼーっとした」顔をしており、羞恥心がないので身なりに気をつかわず、人付き合いが浅く内にこもりがちで、自分勝手で物忘れがひどいうえに、学業成績も悪い。要するに、わたしたちがなるべく避けたいと願うネガティブな特徴を、このタイプはほとんど持ちあわせているのだという。

こうした特徴がみられる理由は、森によれば明白である。脳の前頭前野は人間の理性をつかさどる部位なので、その働きがにぶい「ゲーム脳人間タイプ」には「人間らしさ」が欠けている。しかも、このタイプは理性で自分の感情を抑えられないので、本能のおもむくままに行動してしまい、すぐに「キレて」しまうのだともいう。

つまりは、人間の思考や判断にかかわる理性の働きを、丸ごと失った状態が「ゲーム脳」というわけだ。仮にこの主張が正しいのだとすると、個人的な挫折やトラブルはもとより、さまざまな出来事が生じた原因にゲームの影響を求めやすくなる。そればかりか、ひとたび理性の働きがにぶくなる徴候を読みとってしまえば、ホラー映画やアニメなど、いくらでも悪玉を量産できてしまえるだろう。事実、森は次のようにも指摘している。

子どもは本来、全身的で発散的な遊びによって心のうさを晴らし、欲求不満を解消するのです。これが、ホラー映画、アニメーション、テレビゲームであったらどうでしょう。目にみえないかたちで、前頭前野の働きが低下してしまいます。すると人を殺してもリセットすればいいと、生命をなんとも思わなくなるのでしょう。思考力や自制心がなく、ただ動物的な本能だけになってしまいます（同、一八三）。

こうした主張は、控えめにいっても乱暴である。脳の機能は、世界中の研究機関が解明に努めている未知の領域なので、個人が断定的に主張できることは少ない。また、一口にゲームといってもさまざまなジャンルや作品があるし、その影響も、強弱（程度）、長短（期間）、広狭（範囲）など、さまざまなレベルで測定できるはずである。森が示した脳波の測定法や、その解釈の仕方にも、致命的な欠陥があるとする指摘は多い。[7]

つまるところこの本の内容は、悪い出来事が生じた原因を根こそぎゲーム（や他のメディア）に押しつける詭弁でしかない。しかしそうであるからこそ、何でもゲームに帰責できるこの汎用性が、ゲームの影響を心配する人びとの恐怖心を必要以上に駆りたて、日常生活のすみずみにゲームの悪影響を感じさせる効果を生んだと考えられるのである。

手ごろな語彙の発明

一方、表現におけるこの本の「発明」は、人びとがゲームの悪影響を語るさいに、自分と他人を納得させる、手ごろな語彙を生みだしたことだ。これは社会学者のＣ・Ｗ・ミルズが用いた「動機の語彙」（vocabularies of motive）の概念で説明できる（ミルズ 一九七一）。

動機の語彙とは、動機に関する従来の常識を反転させた考え方をさす。常識的な理解では、わたしたちは必ず何かの動機にみちびかれて行動を起こす。すなわち、お腹がすいた（動機）からパンを食べる（行動）のだし、腹が立った（動機）から友だちをつねる（行動）。このとき動機は行動の原因となるもので、動機がはっきりしない場合でも、どこかに本当の動機があるはずだと信じられている。警察の尋問はこのような前提に基づいておこなわれている。いいかえると、容疑者の隠れた動機を探りあてるのが尋問である。

けれども、その前提は案外、判然としないものである。ためしに自分自身の行動をふり返ってみよう。どうしていつも下車する駅で今日は降りなかったのか。なぜ夜更かししてまでさほど面白くもないテレビ番組をみているのか。今日の晩ご飯をみそ汁から食べはじめたのはなぜか……。こうした行動にいちいち明確な動機をみいだすことは難しいし、また、ナンセンスでもある。つまりわたしたちは、動機がわからないまま「なんとなく」行動する場合も多いのであり、そうであるなら、いつでもつねに本当の動機があるという、前提のほうを疑ってみてもよいはずだ。

そしてこう考えた場合、わたしたちは動機に関する別の理解にも開かれる。すなわち、動機は心の内側にあるというよりは、むしろ外側にある。人間は、自分や他人の行動を理解し、説明するために、広く社会に共有されている語彙（ボキャブラリー）を用いて、行動の理由を事後的に当てはめている。たとえば、五月の連休明けに体が疲れてしまう理由を、わたしたちは「五月病」という語彙で納得させることがある。本当はそんな病気などありはしないのに、勉強や仕事に身が入らない理由を、この語彙は不思議とわかった気分にさせてくれるだろう。

だとすると、この場合に重要なのは、（真偽はともかく）もっともらしいかどうかである。じっさい、警察の尋問で適切な動機を伝えられなければ、容疑者も困る（いつまで経っても尋問が終わらない）。世間をにぎわす凶悪犯罪にコメントを求められる専門家は、視聴者が納得しそうな動機を解説している。このような意味で、動機は行動の原因というよりは結果であり、社会が必要としているものだと考えられる。

さらにこの観点からみれば、虚構と現実の混同、リセット思考、暴力性の強化といった常套句はいずれも、原因のわからない犯罪をゲームに帰責させる動機の語彙とみなしうる。「ゲーム脳」という言葉は、それらのエッセンスを一語に凝縮して伝えられる手軽さを秘めていたのであり、だからこそそれは、マスコミなどの報道はもとより、「そんなにゲームばかりしていると『ゲーム脳』になるよ！」のように、親が子どもを叱る場面にも用いられていったのだと解釈できよう。

4　悪玉論の反復

悪玉論は根絶すべきか

以上、『ゲーム脳の恐怖』を例に、ゲーム悪玉論が「正しさ」を補強される仕組みを検討した。この本は、学術的には「トンデモ本」と失笑される一方で、発売後すぐに10万部を超えるベストセラーとなり、今日までに多くの読者を獲得している。また、これと同様の議論を展開しているのが精神科医の岡田尊司であり、岡田は「脳内汚染」といった言葉で、覚せい剤並みの依存症をもつものとしてゲームの危険性を強く訴えている（岡田 二〇〇七など）。このような動きが確認されるかぎり、ゲームの悪玉論は今後も一定の層に支持されていくにちがいない。

けれども、それははたして全面的に悪いことなのだろうか。つまり、どんなに悪玉論が根拠に乏しい主張だとしても、わたしたちはその間違いを正し、ゲームの健全さを声高に主張していくべきなのだろうか。必ずしもそうとはいい切れない。むろん、ゲームの業界やファンにしてみれば、なにかとゲームのせいにされるのはたまったものではない。しかし、ゲームが人びとの日常に根差していることと、その悪影響を心配する人びとが居つづけることは、同じ現象の表と裏を構成しているとも考えられる。悪玉論の根強い人気は、ゲームの社会的な人気を示す、一種の指標（バロメーター）とみることもできるのだ。

それに、もしもミルズが示したように、動機が社会的に共有された語彙であるならば、動機には流行りすたりがあり、時代によって移ろうことになる。いいかえると、凶悪犯罪や社会問題の原因をゲームに求めることが時代の流行なら、その流行が去るとゲームも敵視されなくなるかもしれない。実はこのことは、今から一〇〇年前の歴史が証明している。このとき、当時の教育者たちからゴキブリのように忌み嫌われ、ばい菌のように敵視されていたのが、人びとを熱中させた大衆娯楽の花形、つまり小説だった。

ばい菌としての小説

教育学者の高橋一郎は、戦前の日本で最も代表的な教育雑誌だった『教育時論』を細かく検討したうえで、明治時代には、小説が当時の教育者たちに「激烈な憎悪の対象」となって敵視されていたことを明らかにしている（高橋 一九九二→二〇〇七）。

たとえば、明治二七年（一八九四年）の『教育時論』第三一七号には、当時の流行小説を「国家を腐食する黴［ばい］菌の一種」とみなし、「斯の如き文学は、速やかに退治すべし」とする記載がある。ここに示唆されているとおり、当時の小説は「淫猥」「猥褻」「淫靡」といった言葉で罵倒され、小説が日本を堕落させるという「小説亡国論」もさかんに唱えられていた。なかでも興味ぶかいのは、当時の文学青年の印象が、一九八九年ごろのおたくの印象に酷似していることである。

この時代の教育者にとっての「小説を読む青少年」のイメージとは、虚構の世界に自閉的に耽溺する、その結果虚構と現実の区別がつかなくなって犯罪に走る、性的異常の性向をもつ、などであった。このイメージは、あの「M君」そのものではないか。明治時代の文学少年は、まさしく当時の「おたく」に他ならなかったわけである（高橋 一九九二→二〇〇七、一六二）。

なるほど、たしかに考えてみれば、ゲーム悪玉論の常套句は、小説を読む行為にもほとんどそのままで当てはまる。そもそも読書は他人と交わらず、一人で黙々と妄想にふける行為だから、熱中すれば視力の低下や運動能力の減退が心配されるだろうし、外で遊ばなくなるかもしれない。また、たとえば推理小説ではどんどん殺人がおこるから、感化されれば人を殺しても気にならなくなるだとか、小説の犯行を模倣して、虚構と現実の区別がつかなくなると考えられても、いっこうに不思議ではない。

けれども周知のように、今の社会で読書の悪影響をそこまで心配し、敵視する人はまずいない。むしろ、全国の小中学校でおこなわれている「朝の読書運動」[8]が象徴するように、小説を読むことは人生を豊かにし、とくに教育的な価値をもつと信じられているだろう。高橋によると、このような小説評価の逆転が生じた理由は、小説の内容が変化したこと以上に、教育者の態度が変化したからである。すなわち、教育的な価値とは徹頭徹尾、教える側がそれをどう判断するかという都合で決ってきたのだという。

ならばどうして、教育者たちは小説をかくも激烈に敵視したのか。端的にいえば、それは一種の責任転嫁であると高橋はいう。つまり、明治期には生徒・学生による性の乱れが社会問題化した。たとえば、中学生が「妾を置いた」り、「鶏姦」(男が男を強姦すること)が流行したりして、その責任は学校に向けられる傾向にあった。けれども、青少年の欲望が解放されることは、社会の近代化にともなう宿命だから、生徒や学生(や教師)の性的逸脱はいっこうに減る気配がない。その結果、新興メディアを「教育の敵」として犠牲にする仕組みが形成されたというのである。

教育者たちは恒常的に、スケープゴートとしての「教育の敵」を必要としている。教育者側の妥協により、明治以後は小説弾圧は影をひそめた。しかしこの時期以降、次世代のメディアである映画が、青少年の堕落の元凶として、教育者の批判を浴びることになる。さらに後代には、テレビ、マンガ、ファミコンと、教育者は常に、新興メディアを教育の敵と見なし続け、学校教育のかかえる諸問題の責を、いくぶんなりともこれら「俗悪メディア」においかぶせようと努力しつづけてきた(同、一七四)。

こうした傾向は、一度でもメディアの歴史を調べたことがある人にはよく知られていることだ。[9] すなわち、メディア自体の影響力とは別に、人びとがメディアに向けるまなざしもまた、時代によって移り変わっていくのである。そしてそうだとすると、ゲームが今後も敵視され続けていくとはかぎらない。今日の小説が一〇〇年前に敵視されていたのなら、今日のゲームが一〇〇年後に——たとえば「朝のゲーム運動」といった形で——教育現場で推奨されていたとしても、それはまったく不思議なことではないのである。

悪玉論の必要悪

新しいメディアはたいてい「教育に悪い」と叩かれることからはじまる。しかし、さらに新しいメディアが登場するたびに、批判の矛先はそちらにスライドして、古びたメディアほど教養的な意味あいを帯びていくようになる。このパターンは少なくとも一〇〇年以上はくり返されている。

そうであるなら、ゲームが悪玉に選ばれているのは、それがいまだ目新しくも人気のあるメディアとして、多くのファンを魅了し続けているからにちがいない。そしてこう考えると、ゲームの文化が今後も活気に満ちたものであるためには、これからも教育機関や子をもつ親から（それなりに）敵視され続けなければならないという、皮肉な結論もみちびかれるはずである。

いわばそれは、旬の芸能人が「好きなタレント」のランキングに選ばれると同時に、「嫌いなタレント」のランキングにも選ばれ続けるようなものだ。あるいは、人気作品に必ずつきまとう「有名税」のようなものを連想してもよい。国民的な人気を獲得した作品や人物ほど、それを批判したがる「アンチ」も同時に増えるのは、世のならいだからである。

ならば、ゲーム悪玉論へのもっとも有効な対策は、いちいち目くじらを立てることよりも、脱臼して笑いに変えることだ。ラップグループのスチャダラパーは、そうした意味でも、ゲームファンたちのいらだちを緩和する処方箋をいち早く提示していたと考えられよう。

注

1 たとえば、一九八〇年代の後半には『ファミコン・シンドローム』という同名の書物が二冊刊行されている（片山 一九八六、深谷昌志・深谷和子 一九八九）。ただしこれらは、煽情的にゲームの危険性を訴えていた雑誌記事と比べると、穏当な内容である。片山の本は、新しいビジネスとして任天堂の取り組みを肯定的にとらえるものであり、深谷たちの本は、ファミコンに熱中する若者たちの「病理」を指摘するだけでなく、友人関係の媒介になるといった肯定的な分析もなされている。

2 もっとも、この時代に子どもたちの外遊びが減った理由を、ゲームにばかり押しつけるのは適切ではない。教育評論家の斎藤次郎がいうように（斎藤 一九八六）、ゲーム以外にも屋内で熱中できるものが増えたこと（たとえば、家庭用ビデオデッキやレンタル店の普及）、都市開発や人口の集中で街から遊び場が減少したこと（空き地の消失）、受験競争の過熱で子どもたちが忙しくなったこと（「お受験」による学習塾の進展）など、そこには複合的かつ長期的な理由が考えられよう。

3 藤原は、出世作となった『東京漂流』（一九八三年）において、すでに少年犯罪のジャーナリスティックな読解を試みている。すなわち、神奈川金属バット殺人事件（一九八〇年）の犯人である、二〇歳の予備校生（当時）の自宅前を撮影した写真を掲載したうえで、文章で事件の意味を考察している。こうした考察をきっかけとして、藤原は少年の不可解な凶悪犯罪がおこると、しばしばコメントを求められるようになる。

4 それは残酷な描写や過激な性表現を取り締まる「有害コミック運動」や、「非実在青少年」（未成年キャラクターの性描写）を規制する条例などに発展していく。このとき、基本的に取り締まりの対象になるのは、アニメ・コミック（マンガ）・ゲームである。

5 次のような例を思い浮かべればよいだろう。「あの株はもうかる」と投資家たちが疑わずに買い続けていれば、本当は価値のなかった場合でも株価はあがる。ファッション業界の決めた「流行色」のとおりに、そのカラーが人びとに持てはやされる。「受験に失敗する」と思いこんだ結果、ノイローゼに陥って受かるはずだった大学にも落ちてしまう、など。

6　自己成就的予言とは、仮に間違った予言であっても、人びとがそれを正しいと信じると、その予言が本当に実現してしまう現象を指す。つぶれるはずのなかった銀行が、支払い不能の噂が広まることでつぶれてしまうというのが典型例である。

7　「ゲーム脳」論の怪しさを丁寧に解説した本としては山本弘の『ニセ科学を一〇倍楽しむ本』（山本 二〇一〇→二〇一五）が、それとは別の角度から平易な言葉で批判した本としては斎藤環の『おたく精神サナトリウム』（斎藤 二〇一五）が、「ゲーム脳」論が社会に蔓延していく経緯を手際よくまとめた労作としては府元晶が記した「『ゲーム脳』とは何か？——「日本人として非常に恥ずかしい」」（府元 二〇〇五）がある。

8　反道徳の言説が浮上する一九八八年に、読書の楽しみや喜びを体験させることを目的とした「朝の読書運動」が普及しはじめるのは、おそらくまったくの偶然ではない。「朝の読書運動」の発展の経緯については、たとえば『「朝の読書」はもうひとつの学校——子どもたちと歩んだ一七年の軌跡』（朝の読書推進協議会編 二〇〇五）が参考になる。

9　新しいメディアは人びとを退廃させるものとして非難され、古いメディアこそが生活に適した教養として称揚されやすいという構図は、珍しいものではない。読者が手に取りやすいものでは、荻上チキの『社会的な身体——振る舞い・運動・お笑い・ゲーム』がこうした現象を多面的に読み解いている（荻上 二〇〇九）。

参考文献

朝の読書推進協議会編　二〇〇五　『「朝の読書」はもうひとつの学校——子どもたちと歩んだ17年の軌跡』メディアパル
府元晶　二〇〇五　「『ゲーム脳』とは何か？——「日本人として非常に恥ずかしい」」『テレビゲームのちょっといいおはなし・3』一二四—四〇頁　ＣＥＳＡ

深谷昌志・深谷和子編　一九八九　『ファミコン・シンドローム』同朋舎出版
片山聖一　一九八六　『ファミコン・シンドローム――任天堂・奇跡のニューメディア戦略』洋泉社
栗原孝　一九九三　「ビデオゲームの社会的反響」『現代のエスプリ』三一二　八三―九五頁　至文堂
マートン・R・K　一九五七＝一九六一　森東吾・森好夫・金沢実・中島竜太郎訳　『社会理論と社会構造』みすず書房
ミルズ・C・W　一九四〇＝一九七一　田中義久訳「状況化された行為と動機の語彙」青井和夫・本間康平監訳『権力・政治・民衆』三四四―五五頁　みすず書房
森昭雄　二〇〇二　『ゲーム脳の恐怖w』日本放送出版協会
岡田尊司　二〇〇七　『脳内汚染からの脱出』文藝春秋
荻上チキ　二〇〇九　『社会的な身体――振る舞い・運動・お笑い・ゲーム』講談社
斎藤次郎　一九八六　『ああファミコン現象――「是か非か」を超えて』岩波書店
斎藤環　二〇一五　『おたく神経サナトリウム』二見書房
坂元章　二〇〇三→二〇〇七　「『テレビゲームと暴力』問題の過去、現在、未来――社会心理学における研究の動向」北田暁大・大多和直樹編『子どもとニューメディア』一八六―二〇三頁　日本図書センター
坂元章・尾崎恵・成島麗子・森津太子・坂元桂・高比良美詠子・伊部規子・鈴木佳苗・泉真由子　二〇〇一　「テレビゲーム遊びが人間の暴力行動に及ぼす影響とその過程」北田暁大・大多和直樹編『子どもとニューメディア』二〇四―二二一頁　日本図書センター
高橋一郎　一九九二→二〇〇七　「明治期における『小説』イメージの転換――俗悪メディアから教育的メディアへ」北田暁大・大多和直樹編『子どもとニューメディア』一六〇―一七七頁　日本図書センター
山本弘　二〇一〇→二〇一五　『ニセ科学を一〇倍楽しむ本』筑摩書房

読書案内

① 坂元章　二〇〇四『テレビゲームと子どもの心——子どもたちは凶暴化していくのか？』メタモル出版

ゲーム悪玉論の歴史的な経緯を確認できるとともに、特定の娯楽が本質的な欠陥をもつという認識を中和するのに役立つ。

② 白鳥令編　二〇〇三『ゲームの社会的受容の研究——世界各国におけるレーティングの実際』東海大学出版局

他の先進諸国におけるゲームの受容のされ方と規制の程度が一望できる。日本の常識と世界の常識との違いを知れる。

③ 赤川学　二〇一二『社会問題の社会学（現代社会学ライブラリー9）』弘文堂

「社会問題の構築主義」の考え方を手際よく検討。本章もまた悪玉論に対する「クレイム申し立て」活動の一つである。

第三章　テレビの高校野球中継とオーディエンスが抱く「本当らしさ」

視聴者の世代差・性差を中心に

高井昌吏

1　高校野球と「日本人の価値観」？

高校野球、それはプロ野球やJ・リーグ、大相撲などと並んで日本を代表するスポーツイベントのひとつであり、とくに夏の大会は国民的行事とまで言われている。その高校野球が日本人の価値意識と密接に関わっていることはしばしば指摘されている。「一生懸命」「秩序」「男らしさ」「若者のさわやかさ」など、「日本人」が好む価値を高校野球は忠実に体現しているというのだ。たとえば、高校野球を社会学的に分析した研究のなかにも、次のような記述がみられる。

「ここにあるのは、若者達が精神力や根性という言葉に代表された、理想的、伝統的にそうであると信じられてきた日本人への洗礼を体験する姿である。…その意味で甲子園はいわゆる〝日本人〟を再生産する装置であるし、日本人としてのアイデンティティを確認させてくれる〝祭り〟＝儀礼的側面を強く持つ国民的行事なのだ」（松田・島崎　一九九四、四二）。

「高校野球と甲子園大会をめぐる理念や価値観を簡単に、甲子園文化と呼ぶとすれば、その甲子園文化は日本の文化そのものであり、日本人が永い間伝統として大切にしてきた価値や行動の基準なのである。多くの甲子園ファンが魅力を感じるところのものは、真剣なプレイやゲームの緊張感ばかりでなく、日本人として親しみと愛情を感じる心情と文化が、ゲームのまわりにふんだんに散りばめられているからなのである」(小椋一九九四、一六二)。

このような見解の背後にあるのは、高校野球がいかにも日本人好みの価値を表象し、「日本人」というものを再生産していくという仮説だと思われる。それがまちがっていると主張するつもりはない。高校野球がこれほどの高い人気を得ているのは、それが日本社会のなかで認められた価値によって支えられてきたからだろう。しかし、このような高校野球の持つ社会的機能を強調しすぎると、高校野球中継の視聴者が実際に行う意味付与や、その「ゆらぎ」などを軽視しがちになる。高校野球をどのようにみるかは、視聴者の世代や性別によって、多様だと思われるからだ。したがって、本章では高校野球中継が表象するいくつかの価値について、各世代の視聴者が実際にどのような意味付与を行っているのか、そしてそれがどのように「ゆらいで」いるのか、またなぜそのような「ゆらぎ」がみられるのかを「本当らしさ」という概念を中心にして分析する。なお、分析のための資料として、グループインタビュー調査[1]、および数量調査[2]を用いる。

2 「リアリティ」(Reality)と「本当らしさ」(Verisimilitude)

過去の古典的メディア研究をふりかえれば、「本当らしさ」に関する議論は、基本的に「真/偽」という二項対立をめぐって展開されてきた。まず、テレビに関する古典的研究として挙げられるのが、ラング夫妻による分析(ラング 一九六八)である。彼らが問題にしたのは、テレビの「現実再構成機能」である。彼らは、マッカーサー凱旋パレードに注目し、そのテレビ中継と、実際に沿道で人々のみたものがどれほど違っていたかを示し、テレビが決して現実をそのまま映し出すものではないという事実を証明しようとした。そして、メディアの「現実再構成機能」をさらに批判的に論じたのがD・ブーアスティン（ブーアスティン　一九六四）である。ブーアスティンは、メディアで報道されることをあらかじめ意図して計画されたイベントを「疑似イベント」と名づけ、刺激的な疑似イベントが現代アメリカ人の現実感覚を麻痺させていると嘆いた。

ラング夫妻やブーアスティンの研究に共通しているのは、いわゆる「客観的」に存在するであろう「真実」あるいは「現実」というものを想定している点である。そして、メディアを媒介とした世界は、現実を再構成したもの、さらに言えば「虚構」の世界としてとらえられており、それが現実の世界とどの程度違っているのか、あるいはそれが実際にどのような悪影響をもたらすかを論点としているのである。しかし、そこには疑問がある。それは第一に、メディアの世界とは、はたして非現実的な「虚構の世界」と考えられてよいのか、第二に、メディアが高度に複雑化した現代社会を研究する上で「現実／虚構」という二項対立がはたして有効なのか、といった点に集約されるだろう。

第一の点について、竹内郁郎は次のように述べている。「現場の限られた地点で観察した現実と、テレビを通じて観察した現実との、いずれが真の現実に近いかは一概に判断できない。テレビ中継には偏りや歪みが伴うことは避けがたいとしても、現場の体験が局部的なものに限られていることも確かである。少なくとも、マッカーサーデーの際に街頭の見物人がみたパレードこそが真の現実であり、テレビ視聴者がみたものは虚偽の現実であったと主張することはできないであろう」（竹内　一九九〇、二四六―二四七）。テレビは確かに「現実」を再構成する。しかし竹内が言うように、だからといって現場にいれば真の「現実」をみることができるいうわけではない。「現実」とは決して実在的なものではなく、あくまで観念的なものなのである。

　第二の点について、井上俊は次のように述べている。「問題は、オリジナル以上に精巧なコピー、現実以上に現実的な虚構にあるというより、むしろオリジナルとコピー、現実と虚構、実態とみせかけといった、かつてはほとんど間違いようのなかった区別があいまいになってしまったことにある。……このような情勢に対応して、たとえば社会学の領域でも、ひところ盛んであった疑似環境論、疑似体験論などはあまり論じられなくなった。何が『疑似』かという基準がはっきりしなくなったからである」（井上　一九九八、一九―二〇）。現代社会は高度に情報化され、それと平行して「疑似」そのものがあいまいになっている。そのような社会を研究する上で、疑似環境論、疑似体験論などが有効であるとは言い難い。今メディア研究に求められているのは、「真／偽」という二項対立モデルに変わる新しい研究枠組みなのである。

　そこで筆者は、S・ニール（Neale 1990）の概念に注目したい。ニールはもともと映画研究が専門であるが、一般的な「リアリティ」(Reality)ではなく、「本当らしさ」(Verisimilitude)という概念を提示している。その議論はA・シュッツの「多元的現実」の議論をさらにメディアに引きつけたものだ。ニールによると、「本当らしさ」とは、実際になにが真実なのかではなく、支配的文化が真実であるとしている何か、あるいは一般的に信頼できるものとして受け入れられている何かを意味している。これに対して従来から用いられている「リアリティ」という概念は、極めて個人的、主観的な「本当らしさ」を含む。さらにニールは、「本当らしさ」を「文化的本当らしさ」(Cultural Verisimilitude)と「ジャンル的本当らしさ」(Generic Verisimilitude)に分類している。「文化的本当らしさ」とは、テレビドラマや特定ジャンルの映画のなかだけで通用するというよりも、我々の社会生活における常識、基準に照らした本当らしさである。それに対して「ジャンル的本当らしさ」とは、特定ジャンルのなかでの本当らしさであり、例えばホラー映画の中におけるゾンビのしぶとさなどが挙げられる。ゾンビがいくら攻撃を受けても立ちあがってくるのは、ホラー映画というジャンルのなかでは本当らしいが、ハロウィンで仮装しているゾンビに同様のことを想定するのはきわめて難しいだろう。このような「ジャンル的本当らしさ」は、基本的にジャンルによってさまざまである。

「文化的本当らしさ」と「ジャンル的本当らしさ」はきわめて近い場合もあれば非常に遠い場合もある。「文化的本当らしさ」では、たとえば一九三〇年代のアメリカにおけるギャング映画などが挙げられる。ギャング映画に描かれる暴力や腐敗した社会は、当時のアメリカの現実社会にきわめて近いものだった。逆に「ジャンル的本当らしさ」では、ホラー映画などが挙げられるだろう。

メディアのなかで表象されている世界を「文化的本当らしさ」とみなすか、あるいは「ジャンル的本当らしさ」とみなすか、それはジャンルにもよるし、視聴者の主体的な意味付与によっても左右される。高校野球について言えば、たとえば次のようなものが挙げられる。「プロ野球と比べると、プロの選手が手を抜いているというわけではないが、高校野球のほうが必死さが伝わってくる。レベルは低いけど命がけと言うか…。自分が高校のとき野球をやっていたし、この選手は今どんなことを考えているかとかも大体わかる」(男性二二才)。「開会式のときに選手がきちんと並んでいるのが好きだ。えらいなあと思う。でも、普段は絶対あんなのと違うでぇ」(中学三年生男子)。

前者の場合、彼が高校野球から感じとる「本当らしさ」は、彼の実体験における「本当らしさ」と深く関わっている。しかし後者では、高校野球がかもしだす「秩序」を普段の生活からかけ離れた「演技」に近いものとしてとらえている。すなわち、前者では「文化的本当らしさ」と「ジャンル的本当らしさ」の境界がかなりぼやけ

表１　「行動的価値」（努力。自身の行動について）

高校野球をみて、「自分もがんばらなければ」と思うことがある。

	男子高校生 (N ＝ 212)	女子高校生 (N ＝ 225)	男生保護者 (N ＝ 65)	女性保護者 (N ＝ 225)
そう思う	29.7%	36.0%	12.3%	23.9%
どちらかといえばそう思う	27.4%	32.0%	44.7%	34.5%
どちらかといえばそう思わない	25.0%	22.7%	29.2%	29.1%
そう思わない	17.9%	9.2%	13.8%	12.5%
計	100%	100%	100%	100%

（N=757　χ^2 (9)=25.92 P<.001 で有意）

表２　「教育的価値」（努力。子どもの行動について）

高校野球をみて、「自分の子にも何かに一生懸命打ち込んでほしい」と思うことがある。

	男生保護者 (N ＝ 65)	女性保護者 (N ＝ 253)
そう思う	50.8%	48.6%
どちらかといえばそう思う	38.5%	36.9%
どちらかといえばそう思わない	9.2%	9.8%
そう思わない	1.5%	4.7%
計	100%	100%

（N=318　χ^2 (3)=1.41 P=.703 で有意差なし）

ているのに対して、後者ではそれが比較的はっきり区別されているのである。

3　大人の意味付与

「行動的価値」と「教育的価値」の遊離

高校野球が表象する価値のひとつに「努力・一生懸命」がある。これは、一般社会において、ことさら教育の世界においては重要と考えられているかもしれない。しかし、その重要性の程度は世代によって大きく違う。

表1～表2は、量的調査の結果のなかで「努力」に関するものだ。表1は、高校野球をみて自分もがんばらなければならないと思うか、という問いへの回答である。マスコミ効果理論では、しばしば効果のレベルを「認知」「態度」「行動」の三段階に分

類するが、この問いは、高校球児のプレイに「努力」という意味を付与し、「努力とはすばらしい」という価値判断をおこない（「態度」）、さらにそれを自らの行動の動機づけとする点（「行動」）を含んでいる。したがって、「態度」と「行動」のレベルの中間に位置づけられるといえるだろう。もちろん、努力しなければならないと思うことと、実際に努力することの間にはかなりの距離があると考えられる。だが、「努力」を読み取るだけの視聴行動より行動レベルに近いという意味で、ここでは「行動的価値」と命名する。表2はそもそも努力する主体そのものが違っており、それは調査対象者自身（高校生の保護者）ではなく「彼ら・彼女らの子ども」である。ここでは「教育的価値」と命名しておく。この問いの対象は、もちろん保護者のみである。

まず「行動的価値」に注目すれば、それは保護者よりはむしろ高校生に浸透しているということができる。年齢が近いこともあり、高校球児たちから強い影響を受けているのは、やはり現役の高校生たちだと判断できる。一方で、「行動的価値」と「教育的価値」をみると、保護者の間には明らかな乖離がみられる。上記の表2をみると、多くの保護者は男性女性に関わらず、わが子に努力してほしいと考えている。だが、表1をみれば明らかなように、それは彼らの「行動的価値」にはつながっていない。すなわち、努力することの価値を認めつつも、自分が努力しようとは思っていないのである。

例えば、次のような意見が保護者にみられる。「高校野球は純粋、一生懸命なのがいい。高校時代に戻りたい。何か一生懸命に打ち込めることがあるのはすばらしい。息子にも何かに一生懸命打ち込んでほしい。…渋谷の高校生なんてひどい。女の子は髪の黒い高校生なんていない。化粧しすぎ。眉毛を描きすぎ。今のだらしのない男の子には高校球児を見習えと言いたい」（保護者・女性）。この女性は高校野球のかもしだす「一生懸命さ」をすばらしいと感じているが、自分がそれを見習うべきだとは考えていない。では、だれが見習うべきなのかというと、それは「わが子」あるいは「今のだらしない高校生」なのである。つまり、高校球児が同一視、比較されているものは、わが子と現代の若者なのであり、それは大人自身の行動とは関係のうすい世界にあるのだ。

見田宗介は、社会的規範の起源について次のように論じている。「規範の内容もまた、究極的には、(社会の多数者、または支配者の) 何らかの欲求にもとづいている。しかしその欲求は、自分があれこれの行為をしたいという欲求ではなく、他人にあれこれの行為をさせたいという欲求である。正直でありたい、寛容でありたい、気前よくありたいという欲求を、人は必ずしも生まれつき、無媒介的に持っているわけではない。ただ人びとは、お互いに他人に対して、正直であってもらいたい、寛容であってもらいたい、気前よくあってもらいたいという願望を持っている」(見田一九六六、二六三)。彼らにとって高校球児たちは、一般的な他者とは違う。保護者たちがすでにモラトリアムの期間を過ぎたのに対して、高校球児はまさにそのときに自己実現しようとしている存在である。この事実は、彼らに一抹の寂しさを感じさせることもあろうが、逆に言えば彼らは決して高校球児のような行動を自らに要求されないのだ。このように、大人にとっての高校野球視聴とは、他者に対する期待を表現するものとして機能する。彼らの欲求充足とは「期待する(そして決して期待されることのない)快楽」なのである。

「ジャンル的本当らしさ」から「文化的本当らしさ」へ

こういった「快楽」と「本当らしさ」はどのような関係をもっているのだろうか。そもそもメディアイベントとは、人々を決して満足させてくれない社会の姿を修正し、多くの視聴者の好みに合わせたものである。D・ダヤーンはメディアイベントの機能について次のように述べている。「私たちは、メディア・イベントを、社会にとっての何らかの中心的な価値や、集団的記憶の一面にスポットライトを当てる祭日だと考えている。しばしばこうしたイベントは、社会の理想化された姿を描き出し、そのあるがままの姿ではなく、むしろそれが熱望するものを想起させる」（ダヤーン　一九九六、一〇）。ダヤーンが述べるように、メディアイベントとは日常生活の世界よりも理想の世界を描き出すものであり、高校野球もその例外ではない。努力を惜しまず、礼儀正しく、そして男らしい若者。そのような若者を日常世界でみる機会は、確かに少ないのかもしれない。大人たちもその事実をはっきり認識している。その意味で、高校野球がかもしだす「本当らしさ」は「ジャンル的本当らしさ」に近いと言えよう。しかし、大人たちはそのようなすばらしい若者が、たとえ少数であるにしても、現実に存在すると思いたい。ここで彼らは、「ジャンル的本当らしさ」を「文化的本当らしさ」に拡張しようとするのである。「すべての人びとが他人にたいして抱く期待は、もはや個々人の要請ではなく、社会一般の要請としてあらわれてくる。個々の他人の期待への意識的な照会(reference)は省略される。『期待の期待』のメカニズムはやがて短略されて、『わが心の内なる良心の声』としてあらわれてくる」（見田前掲書、二六三）。

この「わが心の内なる良心の声」が「教育」という名のもとに正当化され、「文化的本当らしさ」への拡張を引き起こす原動力となる。そして、前述の「快楽」へとつながるのである。

4　男子高校生の意味付与

高校野球が表象する規範的価値、「秩序」（表3）に関して、男子高校生、女子高校生、男性保護者、女性保護者はそれぞれどの程度の満足を得ているのだろうか。表3をみてみると、女子高校生、男性保護者、女性保護者

表３　「秩序」

きびきびした動作や礼儀正しい挨拶は、みていて気持ちがいい。

	男子高校生 (N = 216)	女子高校生 (N = 229)	男生保護者 (N = 65)	女性保護者 (N = 225)
そう思う	42.6%	62.0%	67.7%	69.8%
どちらかといえばそう思う	36.1%	29.7%	27.7%	27.5%
どちらかといえばそう思わない	11.6%	5.7%	4.6%	2.0%
そう思わない	9.7%	2.6%	0.0%	0.7%
計	100%	100%	100%	100%

(N=765 χ^2 (9)=66.84 P<.001 で有意)

については高い数値を示しているが、男子高校生は相対的に低い数値となっている。そもそも高校野球とは野球をする男子高校生が主役である。そして、男子高校生の視聴者は、その当事者に年齢および性別という意味で最も近い。しかし、彼らの規範的価値に関する欲求充足は他のグループと比較して低く、彼らのなかでもかなりばらつきがみられる。

たとえば、表1をあらためてみると、男子高校生は「自分もがんばらなければ」と強く触発される者からまったくそうでない者まで、ほぼ均等に分布している。他の三グループについては、ほぼ傾向がはっきりしている。女子高校生はその七割近くが高校球児を行動の模範のように考えており、少なからずそれに影響される傾向がある。男性保護者は「どちらかといえば」というどっちつかずの回答が多く、この二グループの中間に位置するのが女性保護者である。これら三グループに対して、男子高校生は「自分もがんばらなければ」と「思う」あるいは「思わない」という、非常に両極端な傾向が現れている。すなわち、高校野球に対する男子高校生の態度は極めて多様であり、そこには彼らの性別および年齢特有のものがあると思われるのだ。

次に挙げるのは、どちらも熱心な高校野球視聴者の意見であり、高校生のものではないが、若い男性の多様な観点を示している。「(高校野球は) 無駄なヘッドスライディングが多いし、怪我をすると思う。ガッツを出していると思うけれど、あれは間違ったガッツだ。みていて怖い」（二二歳 男性）。「選手のプレイをみるのは好きやけど、入場行進はあまり好きじゃない。何か軍隊みたいやし…」（二五歳 男性）。ヘッドスライディングとは一般的に高校野球の「一生懸命さ」を表象するものだが、前者はそれに対して「間違ったガッツ」だと考えている。また後者は、高校野球の「秩序」を表象する入場行進に対して「軍隊のような拘束感」という否定的な意味を付与している。

実際の社会生活、および学校生活の中で、男子高校生たちは多くの大人と出会い、大人の考え方を理解する。そのなかで、彼らはすでに議論したような「大人からの期待」を感じとっているのではないだろうか。そのように想定した場合、男子高校生がとる戦略は三つ考えられる。

第一に、高校野球の持つ規範的価値を受け入れ、自分が価値を担う者（高校球児）に自己同一化するという戦略である。例を挙げると、「高校野球の好きなところは、きびきびしているところ…高校生になっても野球をやりたい。公立高校で甲子園をめざす」（中学三年生 男子A）。これは、高校野球の表象する規範的価値をみごとに受け入れているケースである。彼は、かつてG・H・ミード（ミード 一九九五）が述べた「一般化された他者」の視線を感じ、高校球児の一生懸命さを「役割取得」のプロセスとして受けとめているという指摘もできるだろう。いずれにせよ、彼は高校野球の持つ規範的価値を心地よく受け入れ、「期待される」存在としての自己を実現させたいと考えている。清水論は、テレビの高校野球中継（一九八六年夏の大会、NHK）の、音声（アナウンサー、解説者、応援団、場内アナウンスなど）、映像（ピッチャー、バッター、野手、監督、応援団、スコアボード、選手のアップなど）を内容分析し、高校野球中継は視聴者に高校野球の神話と言える「一生懸命さ」「郷土意識」「一体感」「努力」「理想としてのヒーロー」「友情」をもたらす、と結論づけている（清水、一九八九）。Aはこのタイプの視聴者にあてはまると言えよう。

この行為を「本当らしさ」という観点から論じるならば、高校野球が醸し出す「ジャンル的本当らしさ」を、自らの「文化的本当らしさ」と一致させるという視聴形態になる。しかし、誰もがAのように「期待される」ことを受け入れるわけではない。それはある意味で非常に「重い」ことなのだから。

そこで第二の戦略は、それを回避する手段として、自分も高校球児を「他者」としてとらえることである。それによって自分自身が「期待される」対象となることを回避するのだ。「開会式のときに選手がきちんと並んでいるのが好きだ。えらいなあと思う。でも、普段はぜったいあんなのと違うでぇ」（中学三年生男子B）。

彼は、高校野球が表象する価値である「秩序」に対してとくに否定的なわけではない。しかし彼は、高校球児のプレイを自分の属する世界からかけ離れた「演技」に近いものとしてとらえている。それによって、自分と高校球児が比較不可能であることを暗に言おうとしているのだ。杉本厚夫はE・ゴフマンの理論を用いつつ、高校球児を「高校野球の選手という役割を演じ、高校生らしく振る舞うことによって、その印象操作をする演技者」（杉本 一九九四、一九）としてとらえている。視聴者Bの視点は杉本にきわめて近い。

この戦略は大人と同じ視点に立つということでもある。高校球児はあくまで世代を共有した「私たち」ではなく、「彼ら」だと考えるのだ。すなわち、それは「ジャンル的本当らしさ」と「文化的本当らしさ」の境界を徹底することである。彼らにとって高校野球が表象する世界は「ジャンル的本当らしさ」に属するものでなければならない。なぜなら、それが「文化的本当らしさ」であるとされれば、その比較対象として自分たち（男子高校生）の存在が立ち上がってくるからである。このタイプの視聴者と大人の視聴者を「自我」あるいは「主体性」の観点から比較すると興味深い。視聴者Bは高校球児を強い「主体性」を持った存在としてとらえていない。むしろ高校球児は「場」の力、あるいはオーディエンスの力によって高校球児らしくプレイせざるをえない受動的存在としてとらえられている。いわゆる「役割演技」である。それに対して大人は、高校球児のなかに強い「主体性」を見出している。彼らにとって高校球児とは、刹那的な現代のだらしない若者とは違って、野球に自ら一生懸命に打ち込む主体的存在なのである。

第三の戦略は、高校野球が表象する規範的価値そのものを否定するという方向性である。言わば、「期待される」という重荷を投げ捨てるのである。「(高校野球は)乱闘がないところがきらいだ…。[3](どの高校を応援しているのかという質問に対して)J学園を応援している。J学園に千円賭けてるから」(中学三年生男子C)。

彼は野球そのもの、とくにプロ野球にはたいへん興味があるらしく、非常に詳しい。「阪神タイガースの○○選手は××高校の出身」など、野球に関する知識は豊富である。しかし、高校野球が表象する規範的価値を拒否する。「乱闘」とは、選手の一生懸命さ、真剣さから湧き出る怒りとも言えるが、視聴者にとっては非常に刺激的な部分である。それは、プロ野球ではときおりみられるが、高校野球の理念、その教育的価値と真っ向から対立する。また彼は、友だちとどちらのチームが勝つか、千円ずつ賭けているという。もちろん、スポーツをギャンブルの対象にすることは、社会的にはそれほど珍しいものではない。しかしギャンブルは、基本的に自分自身の「努力」よりも「運」に賭けるところにその特徴がある。それは「努力・一生懸命」といったまじめな態度をあざ笑うかのようでもある。すなわち彼は、規範的価値を付与された高校野球を賭けの対象とすることによって、その価値の受け入れを拒否しようとしているのである。多くの大人たちは高校野球に対して「一生懸命」「秩序」などの規範的価値を付与する。彼もその事実は十分承知しているだろう。しかしそれでも、いや、だからこそ彼はそれを否定しようとする。彼が高校野球視聴の際にいだく「本当らしさ」は、「文化的本当らしさ」でも「ジャンル的本当らしさ」でもなく、言わば「アンチ本当らしさ」(AntiVerisimilitude)なのである。
第二、第三の戦略は、男子高校生たちが「大人の視線」に対しておこなう「抵抗」ともいえるだろう。

5　女子高校生の意味付与

高校野球の表象する世界観が男性中心的であることは、しばしば指摘される。たとえば、江刺正吾 は次のように論じている。「プレイヤーとして行動する男子生徒は、競争社会における組織の歯車として働く男性を象徴し、マネジャーや応援団員として行動する女子生徒は家事労働などのシャドウ・ワークを担う現代の女性を象徴している。このような男性像と女性像が、無意識のうちに反復され強化される結果、これが社会における本来の姿であるという性別ステレオタイプが再生産されていく」(江刺一九九四、六四)。江刺の議論を「本当らしさ」の観点から整理すると、「文化的本当らしさ」(女性差別的な現実社会)が「ジャンル的本当らしさ」(高校野球における男女の役割)を作り出し、さらに「ジャンル的本当らしさ」が「文化的本当らしさ」を再生産するということになる。このような反映理論で高校野球を批判的にみることは、もちろん可能である。しかし一方で、高校野球が基本的に男性スポーツであるにもかかわらず、多くの女性視聴者を魅惑しているという事実も見逃せない。高校野球が女性を魅了する理由は、いったいどこにあるのだろうか。

表4から明らかなように、女性、とくに女子高校生は高校球児から「男らしさ」を感じとり、それを強く支持している。それに対して男性、とくに男子高校生はそのような傾向が比較的小さい。ここには「男らしさ」を積極的に支持する女子高校生と、そこからやや距離をとろうとする男子高校生という図式が鮮明に浮かび上がる。

表4 「男らしさ」

高校球児は男らしくてすばらしいと思う。

	男子高校生 (N = 217)	女子高校生 (N = 229)	男生保護者 (N = 68)	女性保護者 (N = 251)
そう思う	25.8%	53.3%	29.4%	35.5%
どちらかといえばそう思う	42.9%	34.9%	36.8%	40.2%
どちらかといえばそう思わない	18.9%	8.7%	27.9%	15.9%
そう思わない	12.4%	3.1%	5.9%	8.4%
計	100%	100%	100%	100%

(N=765 χ^2 (9)=66.84 P<.001 で有意)

しかし、そもそも「男らしさ」とはいったい何なのだろうか。一般的に男らしい男性とは、精神的・肉体的に強い、競争に打ち勝つ、あるいはペラペラと余計なことを話さないなどというイメージがある。しかし、そういった男性像が「文化的本当らしさ」を忠実に反映しているかと言えば、それはきわめて疑わしいだろう。むしろ近年話題になっているのは、出世への意欲や競争心、あるいは女性に対する積極性などに欠ける男性（若者）である。では、高校球児はどうであろうか。たとえば、テレビのなかの高校球児は女性の視線を全く気にしていないかのようにみえる。とはいえ、彼らが恋愛に対してまったく興味がないというイメージではなく、あくまで「野球一筋に打ち込み、勝利を目指しているから」という文脈である。一方で、スタンドの女子高校生や女子マネージャーたちが彼らを「祈るように」応援している姿が表象される。この男女の関係において、視線は一方通行であり、スタンドの女子高校生の視線は高校球児の「男らしさ」を演出する「無言の語り」として機能している。もはやファンタジーの世界である。

「女性を気にしない」「ペラペラしゃべらない」「野球に対して一途に打ち込む」などの「男らしさ」は「ジャンル的本当らしさ」に近いものである。日常生活において、このような若者に出会うことは非常にまれである。女子高校生たちもそのことははっきりと意識しているだろう。「泥にまみれる選手がすごく男らしくみえる。あんな男の子はうちのクラスにはおらんかった（笑）」（二一歳女性）。しかし、それにもかかわらず、彼女らは男らしい男子高校生が実際に存在するかのように思いたいのだ。したがって、彼女らは「ジャンル的本当らしさ」を「文化的本当らしさ」に拡張しようとするのである。

6　「本当らしさ」のゆらぎ

以上、高校野球中継のオーディエンスを「本当らしさ」という観点から論じてきた。しかし、ここで提示した「ジャンル的本当らしさ」および「文化的本当らしさ」という概念は、あくまでひとつの理念型である。そして、「本当らしさ」とは個々人の中で固定化されたものではなく、テレビを視聴する際に揺れ動くものでもある。したがって、個々人のテレビ視聴を「ジャンル的本当らしさ」あるいは「文化的本当らしさ」に分類することは、不可能ではないかもしれないが、少なくとも本論考の目的ではない。なぜなら、注目すべきはあくまでその「ゆらぎ」にあるのだ。たとえばテレビドラマを視聴する際、視聴者は「こんなことは日常生活ではありえない。いかにもドラマだ」と感じることもあれば、そこに日常生活でふれられる感覚と同一のものをみいだすこともあるだろう。それは、同じ視聴者が同じドラマを視聴しているなかで、交互に起こり得るのである。そしてその揺れ動きこそが、ドラマ視聴の快楽とも言える。しかし、そういったゆらぎは必ずしも振り子のように交互に揺れ動くものではない。ここで問題にしたいのは、揺れ動く際のベクトルの方向である。すなわち、高校野球中継を視聴するとき、各世代、あるいは性別によってベクトルの方向に特徴があるのではないかということである。

保護者の世代、および女子高校生は、高校野球を「ジャンル的本当らしさ」に近いと認識しながらも「文化的本当らしさ」としてみようとする。それはもちろん、完全な「ジャンル的本当らしさ」でもなければ「文化的本当らしさ」でもない。しかしそのベクトルの方向には、共通した特徴がみられるのである。それに対して、男子高校生のなかには保護者が持っているベクトルと正反対のものが存在する。男子高校生のなかの、あるタイプの視聴者は、高校野球をあくまで「ジャンル的本当らしさ」という視点からとらえようとするのだ。もちろん彼らとて、高校球児の規範的な行動とそのパーソナリティを全く無関係なものとして考えることはできないだろう。しかし、彼らのベクトルの方向は「文化的本当らしさ」から「ジャンル的本当らしさ」へと向かっているのである。また、男子高校生の中には「本当らしさ」そのものに対して反旗を翻す「アンチ本当らしさ」も存在するのだ。このように、「本当らしさ」とは固定化された「静的」なものではなく、個人のなかで常に揺れ動く可能性を秘めた「動的」なものなのだ。そしてその揺れ動きは個人の主観的な意味付与だけではなく、世代や性別といった要因によっても大きく規定されるのである。[4]

注

1　グループインタビュー調査は一九九九年八月一六～一七日実施、二～四名のグループで一一組、計二八名、男性一四名、女性一四名、年齢は一〇代半ばから六〇代までを対象とした。

2　数量調査は一九九九年一〇月一～二日実施、調査対象者は兵庫県尼崎市にある公立高校の生徒とその保護者、高校生九一五名、保護者六九五名。有効回答率は高校生六九・四パーセント、保護者五九・三パーセント。サンプルのなかで高校野球を「よくみる」「ときどきみる」と回答した七七〇名（高校生四四六名、保護者三二四名）を分析対象とした。アンケート項目の作成には川口（一九九四）を参考にした。

3　プロ野球での乱闘シーンは、二〇一〇年代以降は比較的減少したが、二〇〇〇年ごろまではしばしばみられる現象だった。

4　本論文は、高井昌吏（二〇〇二）「メディアの中のスポーツと視聴者の意味付与――高校野球を事例として」『スポーツ社会学研究』第九巻を、大幅に加筆・修正したものである。

参考文献

有山輝雄　一九九七『甲子園野球と日本人』吉川弘文館

伊藤公雄　一九九三『男らしさのゆくえ』新曜社

井上俊　一九九八「現代文化のとらえかた」井上俊編『現代文化を学ぶ人のために』世界思想社

江刺正吾　一九九四「甲子園とジェンダー」江刺正吾・小椋博編『高校野球の社会学』世界思想社

川口晋一　一九九四「甲子園野球のテレビ中継」江刺正吾・小椋博編『高校野球の社会学』世界思想社

小椋博　一九九四「甲子園と『日本人』の再生産」江刺正吾・小椋博編『高校野球の社会学』世界思想社

ゴッフマン・E　一九五九＝一九七四　石黒毅訳『行為と演技』誠信書房

清水諭　一九八九「スポーツの神話作用に関する研究」体育・スポーツ社会学研究会編『体育・スポーツ社会学研究（六）』同和書院

清水諭　一九九八『甲子園野球のアルケオロジー』新評論

杉本厚夫　一九九四「劇場としての甲子園」江刺正吾・小椋博編『高校野球の社会学』

竹内郁郎　一九九〇『マスコミュニケーションの社会理論』東京大学出版会

ダヤーン・D　カッツ・E　一九九二＝一九九六　浅見克彦訳『メディア・イベント』青弓社

ブーアスティン・D・J　一九六二＝一九六四　後藤和彦・星野郁美訳　『幻影の時代』　東京創元社
松田恵示・島崎仁　一九九四　「甲子園と奇跡」　江刺正吾・小椋博編『高校野球の社会学』世界思想社
見田宗介　一九六六　『価値意識の理論』　弘文堂
ミード・G・H　一九三四＝一九九五　河村望訳　『精神・自我・社会』　人間の科学社
ラング・K　ラング・G　一九六〇＝一九六八　学習院大学社会学研究室訳　『マス・コミュニケーション』　東京創元社
Neale, S. 1990, Questions of Genre, Screen, 31: 45-66.

読書案内

①　大見崇晴　二〇一三　『「テレビリアリティ」の時代』　大和書房
テレビメディア史の入門書。ドラマからバラエティ、アイドルまで、日本のテレビ史を網羅している。

②　田中義久・小川文弥編　二〇〇五　『テレビと日本人』　法政大学出版局
「テレビを観る」という行為が日本人にとってどのような意味を持っていたのか、詳細に解説している。

③　太田省一　二〇一三　『紅白歌合戦と日本人』　筑摩書房
日本を代表する歌番組「紅白歌合戦」について、テレビ誕生から現在までの歴史をわかりやすく解説している。

【コラム1】音楽を聴くためのメディアと場所の変遷

木島由晶

メディアについて考える際に、私たちの最も身近にあり、かつ、最も変化を実感しやすいものの一つが音楽である。そのことは、音楽を聴くための道具を思い浮かべてみればすぐにわかるだろう。

それでは、リスナーとしての私たちは、いったい今までどのような道具で音楽を聴いてきたのだろうか。記録媒体（レコードなど）と再生機器（プレイヤー）を用いて聴くことが可能になるのは明治期に蓄音機が輸入されて以来のことだが、長らくは高額だったり希少だったりして誰もが気軽に聴けたわけではない。というより、それらを個人で所持できることの方がめずらしく、蓄音機は「文明の利器」として当時の人びとの羨望を一身に集めていた。物理学者にして随筆家としても名高い寺田寅彦は、大正十一年（一九二二年）に書かれた「蓄音機」と題する文章で次のように描写している。

エジソンの発明から十数年の後に、初めて東洋の田舎の小都会に最新の驚異として迎えられた蓄音機も、いつとはなしに田舎でもあまり珍しいものではなくなってしまった。日曜ごとにK市の本町通りで開かれる市にいつもきまって出現した、おもちゃや駄菓子を並べた露店、むしろの上に鶏卵や牡丹餅や虎杖やさとうきび等を並べた農婦の売店などの中に交じって蓄音機屋の店がおのずからな異彩を放っていた。

器械から出る音のエネルギーがいたずらに空中に飛散して銭を払わない往来の人に聞こえる事のないように、銭を払った花客だけによく聞こえるために幾対かのゴム管で分配されるようになっていた。耳にさした管を両手でおさえて首をたれて熱心に聞いている花客を見おろすようにして、口の内で器械の音曲をささやいている主人は狐の毛皮の帽子をかぶったりしていた。

彼はともかくも周囲のあらゆる露店の主人に比べては一頭地を抜いた文明の宣伝者でもあるように思われた（小宮編『寺田寅彦随筆集』第二巻）。

当時は縁日などで開かれる露店のなかに蓄音機屋と呼ばれるものがあったこと。お金を払った人だけが蓄音機の音をよりよく楽しむ配慮がなされていたこと。そのくらい蓄音機での聴取が貴重でものめずらしい体験になっていたこと――寺田の文章からは、音楽を聴く道具が人びとに身近な存在でなかった百年前の生活の様子がありありと伝わってくる。大正期にはせんべいをコーティングして作った「食べられるレコード」も作られていたくらいで、つまりそれは娯楽の道具というよりは、明確に商売の道具であった。

さらに時代が下って、庶民がどうにか音楽の再生機器を手に入れられるようになっても、人びとの悩みはつきない。すなわち、聴けば聴くほど、もっと別の音楽も聴いてみたいと思うからであり、にもかかわらず、人びとが多彩な音源にふれられる手段には閉ざされていたからだ。これについてはラジオやテレビのようなメディア環境の普及を、すなわち、遠くにいる人にもリアルタイムで一斉に情報が届けられ、かつ、聴取そのものにはお金がかからない環境の整備を待つ必要がある。それは乱暴に言って「戦後」からということになるだろうが、一方でその頃からの人びとの音楽体験、とくに愛好家の楽しみとして見逃せないのがジャズ喫茶の隆盛である。

ジャズ喫茶とは、一口に言えば「コーヒー一杯で本場のジャズのレコードが聴ける」という触れ込みで広まったカフェの一形態である。すなわち、輸入盤のレコードがまだ希少だった時代に何千何万枚のレコードを所有し、家庭で買えない高価なオーディオ機器を備え、マスターの豊富な音楽知識を売り物にするような喫茶店をさす。一九五〇年代と言えば、「洋楽」という呼称がまだ一般的ではなく、この頃はじまったラジオの洋楽ランキング番組では「映画音楽」と一括されていた時代である。また、第二次世界大戦で統制されていた海外の情報が解禁され、日本の各地に設けられた米軍キャンプから、海外（とくにアメリカ）へのあこがれが何度目かの高まりをみせていた時代に相当する。そうした時代に、おしゃれな洋楽を総合する呼称として（も）流通していたのが「ジャズ」であり、最盛期の一九六〇年代には若者文化のひとつの拠点にもなっていた。

今の私たちの常識に照らしてみると、ジャズ喫茶にはカフェとしての奇妙な側面と、音楽の聴き方としての奇妙な側面の二つがあるように思われる。まずカフェとして奇妙に思えるのは、店内でのおしゃべりを全面禁止にしていたり、わざわざ「会話許可席」なるものを設けていたりしたことだ。つまりそこには、なによりも音楽を楽しみたい人のための場所という共通了解があったので、親しい友人と雑談を楽しみたい場合にはふつうの喫茶店に行くべきだという規範意識が強かった。

とはいえジャズ喫茶は何も、あらゆる会話を禁じていたわけではない。むしろ店内には濃密なコミュニケーションの感覚が満ちていた。そのことを象徴するのが、客の持ち込んだレコードを流す風習であり、音楽を愛する人どうしが、聴取をさまたげないかぎりにおいて、趣味のレコードを紹介しあったり、互いの知識を高めあったりしていたのだった。音楽の聴き方として奇妙というのはこの点で、つまり目の前で演じられるライブやコンサート以外に、録音された音楽を聴く場合においても、個人ではなく、みんなで楽しむ習慣があったということである。

ジャズ喫茶が下火になるのは一九七〇年代だが、実際、それと入れ替わるかのように、音楽を個人で聴取できる環境は急速に整っていく。以後の展開をざっとふり返ると、携帯型の音楽プレイヤーであるWALKMANが発売されるのが一九七九年、TSUTAYAのようなレンタルショップが一気に浸透するのが一九八〇年代であり、インターネットが普及する一九九〇年代以降にはウェブを介して音楽の情報や音源を入手することが容易になり、そして二〇一〇年代に入ると、YouTubeのような動画サイトはもちろん、Spotifyのようなサブスクリプションサービスが登場して、定額ないし無料で豊富な音源を聴き放題という状況が訪れる。

つまりは、時と場所を選ばず、一人で音楽を楽しみ、趣味を掘り下げていけるようになったわけだが、そのことに私は感動を覚える一方で、一抹の寂しさを感じなくもない。もちろん、スマートフォンで互いの「推し曲」を教えあうような行為は今日でもありふれているし、音楽は今でも人びとの日常的なコミュニケーション手段であり続けている。だからジャズ喫茶のような拠点が仮に廃れたとしても、人はどこかで誰かと音楽を楽しんでいるはずだし、そのこと自体はさほど寂しいとは思わない。また、モノとして手に触れることができていたアルバムのジャケットや歌詞カードが、データになると手触りがなくなるという経験にも、電子書籍を読むのに慣れてきたからなのか、最近ではそれほど寂しいとは感じなくなってしまった。そうではなく、私が寂しいと感じるのは、音楽を含めた文化作品にふれることのできる「ありがたみ」の方である。

たとえば、砂漠を歩いていて喉が渇いている旅人と蛇口をひねれば水が出る環境にいる人とでは、水のありがたみがまったく違ってくるように、どんなに音楽が聴きたくても聴けなかった昔の人たちの渇きを、そしてようやく手にして聴くことができたときの喜びを、今の私はリアルに感じとることができない。音楽が身近にありすぎて、そのありがたみをふだんは忘れてしまっているし、忘れていることすらなかなか認識できないことが、なんだか寂しいのである。

このことは、私個人のぜいたくな悩みとして一笑に付すべきだろうか。必ずしもそうではあるまい。これだけなんでも手軽に手に入り、便利な聴取環境が整ってしまうと、唯一手に入らないものが不便さであるという逆説は往々にして生じる。たとえば二一世紀に入り、アナログレコードの人気が復調しているのも、懐古主義というだけではなく、不便さを買うことで得られるありがたみの再発見という側面が含まれているだろう。

【コラム2】SNSの知識社会学ースモールワールドは理想郷か

長﨑励朗

スモールワールド実験――SNSの源流

周囲の人間に「スモールワールド」という言葉から連想ゲームをしてもらったことがある。女子学生に聞くと結構な割合でディズニーランドのアトラクション「It's a Small World」という答えが返ってくる。ディズニーに興味のない人に聞いたところでさほど変わらない。「グローバル」「国境のない世界」……。そしてそのあとに続く言葉はたいてい「平和」であったりする。ことほど左様に「小さな世界」という言葉は隔たりのない世界、人と人が密接につながった世界といった進歩主義的な理想と相性がいい。

現在、我々が毎日のように利用しているSNSは、こうした「スモールワールド願望」を具現化したシステムだ。SNSを使えば、日常的に顔を合わせている友人はもちろんのこと、どこの誰かも分からない他人や、場合によってはテレビに出ている有名人ともダイレクトにつながることができる。見方を変えれば、膨大な関係の網の目から、自分にとって必要な人物だけをピックアップし、ダイレクトにつながるという究極のショートカットである。

実はこの発想を遡ると、一九六七年に始まったある実験にたどりつく。アメリカの心理学者、スタンレー・ミルグラムが行なった、通称「スモールワールド実験」がそれである。ミルグラムが試みた実験は次のようなものだ。まず、遠くの街に住む全く無関係の二人を選び、片方に書類を渡す。書類を渡された人間（発信人）は、住んでいる街と名前だけを頼りに、もう一人（受信人）にこの書類を届けよという課題を与えられる。ただし、発信人が用いていいのは友達や知人などのつながりだけである。当然、書類はいくらかでも受信人に近いと推測される人物に向けて転送を繰り返されることになる。

実験の結果、実際にこの書類が目的の人物に届いた割合はさほど高くなかった。しかし、ミルグラムが知りたかったのは、書類が無事届くかどうかではなかった。彼が興味を持っていたのは「平均して何回の転送で受信人に届くか?」ということだった。結果は約六回。つまり、アメリカ中のどんな人物とも、間に六人程度を挟めばつながるということをミルグラムは証明したのである。

この現象は「六次の隔たり」と呼ばれ、誇張や誤解を被りながらも、現在にいたるまでSNSの重要な思想的基盤になっている。一例を挙げれば、日本で最も早くサービスを開始したSNSの一つであるGREEはその社名自体が六次の隔たりに由来している。「Six Degree of Separates(六次の隔たり)」から一部を抜き出して「GREE」というわけだ。こうした事実からは、ミルグラムのスモールワールド実験がいかに大きなインパクトを持ち続けているかが見て取れる。

しかし、インターネットやSNSの普及した現在ならいざ知らず、それよりはるか以前にこうした考え方が受け入れられていった背景には何があったのだろうか。言い換えれば、当時の人々は「スモールワールド」の何に引かれ、どのような可能性を感じ取っていたのだろうか。以下では一九六〇年代と現在のSNS的発想をつなぐ思想的潮流を明らかにしてみたい。

カウンター・カルチャーとインターネット
――「隔たり」とは権力である

一九六〇年代末のアメリカで盛んだった若者文化といえば、何をおいてもヒッピー・ムーブメントである。典型的なヒッピーたちはエスニックな衣装を身にまとい、俗世間から離れてコミューンと言われる小さなコミュニティを作って暮らしていた。だから映像などで見るヒッピーはたいていボロボロの服を着て原始的な生活を営んでいる。と言っても、彼らは決して本当に貧乏な出自を持っているわけではない。ヒッピーを詳細に研究したルイス・ヤブロンスキーによれば、彼らは中産階級の白人で、ほとんどが大学に一年以上通ったことのある若者たちだった。要するにヒッピー・ムーブメントとは、そこそこ恵まれた出自を持つ若者たちが自分の生きてきた社会に疑問を持って、既存の社会的価値観とは根本的に異なる新たな価値観の中で生きようとした運動だったのである。では、その「新たな価値観」とは何だったのか。以下、インターネットとヒッピーの関係についても詳しく論じている池田純一の説明を参照してみよう。

個々人としては大いなる存在としての自然との一体化を求め、その一体化という経験を通じて自他の区別のつかない共存状態を出発点にして社会を捉えていく、もしくは社会を作っていく（池田　二〇一一、八四）。

こうした考え方を持った若者たちが前述のミルグラムの実験結果に狂喜したことは想像に難くない。自分たちの思想が科学的に証明されたように感じたことだろう。

そんなヒッピーたちのスモールワールド願望を後押しするように、一九七二年にはインターネットの可能性について論じた記事が発表される。記事のタイトルは“Spacewar”。内容は初期のネットワーク研究者たちがごく原始的なネットゲームに興じる様子を分析したものだった。そこで著者はコンピュータをドラッグの「次に来るもの」として位置づけたという（池田　二〇一一、五九）。こうした発言がなされたのは、前に引用したような「一体感」をえるために、ヒッピーたちがしばしばドラッグを利用していたからだ。これからはドラッグではなく、ネットワーク化されたコンピュータが一体感を与えてくれるというのである。

こうして、一見、原始的な生活に帰ろうとしているかに見えたヒッピーの中から現在のインターネット文化を牽引する人物が多く輩出されることになった。apple の創業者であるスティーブ・ジョブスなどはその筆頭である。

当時の若者たちが追及した「一体感」。それは「隔たり」をなくすことを意味する。こうした願望が反権力・反体制を掲げるカウンター・カルチャーの駆動力になっていたのは偶然ではない。「隔たり」とは権力そのものだからだ。周知のように古今東西、身分の高い人物と謁見する際には必ず物理的な距離や障壁が設けられてきた。情報に関しても同様である。権力中枢に近づかなければ得られない情報は今だにごまんとある。メディア論において、情報技術の進展が民主化を促すとされてきたのは、情報技術が「隔たり」を掘り崩すと考えられてきたからでもある。

「六次の隔たり」どころではない。もっと近くに！　見える距離、そして触れられる距離に……!!　六〇年代に生まれた願望は「透明化」「見える化」をうたう政治的パフォーマンスから、果てはアイドルの握手会にいたるまで、現在の社会を突き動かしているように見える。ＳＮＳもまたこうした願望が生み出したシステムなのである。

スモールワールドのアイヒマン

スモールワールド願望の原点ともなったスタンレー・ミルグラムに話を戻したい。実は彼が行なった実験の中で「スモールワールド実験」以上に有名なものがある。通称「アイヒマン実験」と呼ばれるものがそれである。

この実験では、まず被験者は「教師役」という役割を与えられる。横についている実験者からの指示にしたがって、隣室にいる人物に問題を出し、答えが間違っていた場合、スイッチを押して電流を流すという役割である。相手が間違えるたびに電圧を強めることになっており、スピーカーを通して聞こえてくる隣室の人物のリアクションも徐々に大きくなっていく（実際には隣室にいる人物は実験者側のサクラだった）。さて、被験者はどのあたりで電圧をあげることを拒むだろうか。結果は驚くべきものだった。被験者のうち、六五％が最大電圧の四五〇Ｖになるまで実験をやめなかったのである。

周知のとおり、アイヒマンとはナチスドイツの軍人で、おびただしい数のユダヤ人をガス室送りにした人物だ。この実験の数年前、アイヒマンはエルサレムで裁判にかけられた。悪の権化のような人物を想定していた人々は、法廷に立ったアイヒマンに拍子抜けした。そこに立っていた初老の男は「上からの命令にしたがっていただけだ」という趣旨の発言を繰り返す小役人に過ぎなかったのである。「悪の凡庸さ」を目の当たりにしたミルグラムは、権威への服従が平凡な人間をどこまで残酷にするかということを実験で問うたのである。

スモールワールド実験とアイヒマン実験。この余りにもかけ離れたイメージを喚起する二つの実験を同じ人物がデザインしたことは一驚に値する。それと同時に、どこか現代的課題と通底するものを感じないだろうか。

「隔たり」の極小化した現代という「スモールワールド」の中で、日々何らかの使命感に突き動かされ、SNS上で他人を攻撃する人々。近年の研究では、そうした人々が従来イメージされた「引きこもり」などでは決してなく、妻子持ちでそれなりの所得を持ついわゆる平凡な「良き社会人」であることが証明されつつある（田中・山口　二〇一六）。

こんなはずではなかった。「隔たり」のない世界は共感に満たされたユートピアになるはずだった。当時のヒッピーたちは現代のような相互監視社会など思いもよらなかっただろう。彼らは一体、何を読み違えたのか。

おそらく彼らの頭から抜け落ちていたのは、水平的権力の存在だったのではないだろうか。タテの関係ではなく、ヨコの関係が権力として作用することをカウンター・カルチャーの担い手たちは想像できなかったのである。しかし、考えてみれば社会とは権威そのものである。例えば、次のようなフレーズを考えてみよう。

「社会のおかげで我々は生きている」

「社会は我々を生かすことも殺すこともできる」

この「社会」という言葉を「神」に入れ替えてみてもすんなりと意味が通ってしまう。かつての社会学者が正しく見抜いていたように、神とは社会のうつしみではなかったか。その意味でタテの権力が縮小したあとに顕現したのは、「社会」という神にも似た権威だといえよう。SNSとは、世俗化した現代における神、あるいは人間と神を結ぶ巫女のような存在と言えるのかもしれない。

最後にアイヒマンにまつわる一つの逸話を紹介しておきたい。アイヒマンは戦後、南米に逃れ、偽名を使って別人として生活していた。彼が戦後約一五年を経て突如として逮捕されたきっかけは、彼が仕事帰りに花を買ったことだった。その日が彼の妻の誕生日だったことで、本人であると特定されるにいたったのである。

現代に生きるスモールワールドのアイヒマンたちは仕事帰り、妻子にちょっとした手土産を買って帰る。彼はその道すがら、ポケットから取り出したスマートフォンでSNSを開き、その指先でどこの誰とも知れない他人を社会的に抹殺する。彼らはSNSというスモールワールドに服従しているのかもしれない。

参考文献

池田純一　二〇一一『ウェブ×ソーシャル×アメリカ』講談社

Lewis Yablonsky, 1973, The hippie Trip, London: Penguin Books.

ミルグラム、スタンレー　一九七五　岸田秀訳『服従の心理』河出書房新社

ブラス、トーマス　二〇〇八　野島久雄・藍澤美紀訳『服従実験とは何だったのか――スタンレー・ミルグラムの生涯と遺産』誠信書房

アーレント、ハンナ　一九六九　大久保和郎訳『イェルサレムのアイヒマン』みすず書房

田中辰雄・山口真一　二〇一六『ネット炎上の研究――誰があおり、どう対処するのか』勁草書房

第二部　メディア表象認識

第二部では、メディアによる表象の問題に着目する。広辞苑によると「表象」とは、「知覚に基づいて意識に現れる外的対象の像で、対象が現前している場合、記憶によって再生される場合、想像による場合がある」とされる。日本語の「表象」は、英語・フランス語の「representation」の翻訳語として定着した節があるが、逆に representation には「表現」や「描写」といった日本語訳が与えられることもある。また、対象となる「像」を含意していることもあって、「記号」や「シンボル」、「イメージ」や「象徴」にも近い。したがって「メディアによる表象」という場合、メディアは、単に対象の「ありのままの姿」を情報として発するのではなく、対象を「表現」し、「イメージ」化する媒体であり、私たちはメディアによって（メディアの発信者によって）知覚された「像」「イメージ」を消費しているということになる。

さらに一歩踏み込むと、メディアが対象をどのように「表象」するかの背景には、それらをつかさどる「ディスコース」（端的に言えば「イメージを生み出す力」）を理解する必要がある。フーコー（二〇〇六）によれば、個々の物事や考えの言語表現の総体が「ディスコース」であり、それは無意識のうちに権力や制度と結びついて、抑圧や排除といった権力の構図を内包するという。この「無意識のうちに権力と結びついたディスコースによってイメージが形成されている」からこそ、「イメージ」をめぐるもう一つの問題「ステレオタイプ」や「偏見」「先入観」が生じるのだともいえよう。

第二部でとりあげる三つの章では、こうした「イメージ」の問題を、具体的な事例を通して問いかけている。第四章では、オペラ『蝶々夫人』を例に、西欧近代において描かれた日本女性像に対する日本からの応答を、時代の変遷とともに追う。続く第五章では、「イメージの消費活動」ともいうべく、現在のインドネシアで人気を博す日本や韓国のポップカルチャーの現状を紹介しながら、メディアのグローバル化とローカル化の現象を捉えている。そして第六章では、和歌山県太地町の鯨イルカ漁をめぐる五つのドキュメンタリー映画・テレビ番組を比較し、映画制作者のスタンスや描き方によって、同じテーマの同じ対象がいかに異なった様相を示すかを論じている。

興味深いのは、どの論考にも「日本」が対象軸の一方を形成しているがゆえに、日本語で書かれた本書を読む読者にとって「当事者性」を意識することになるという点である。実際に、三つの章のいずれの執筆者たちも、自ら大学教育実践を通じて議論を紡ぎ、学生たちは当事者的な立場から「表象される日本」を意識する機会を得ている。各章では学生たちの反応についても紹介されている。本書を読み進める読者たちにとっても、少なからず、「表象される日本文化」に対する当事者的関心が呼び起され、議論百出の契機となることを期待する。

（南出和余）

第四章　オペラ『蝶々夫人』と日本からの応答
表象される「日本」への反応の諸相

片平幸

1　異文化への「理解」と「誤解」

一九〇四年、イタリアのミラノでオペラ『蝶々夫人』が初めて上演された。『蝶々夫人』とは、明治時代の長崎を舞台とした日本人女性「蝶々さん」とアメリカ人男性「ピンカートン」の悲恋の物語で、イタリア人作曲家のプッチーニ（Giacomo Puccini 一八五八―一九二四）によって作られたオペラ作品である。日本を題材としてはいるが、イタリア人の作曲家による作品であり、これまで「蝶々さん」はイタリア人、ドイツ人、アメリカ人、そして日本人など世界中のソプラノ歌手によって演じられてきた。日本を題材としたオペラはほかにもあるが、その中でもプッチーニの『蝶々夫人』は群を抜いて知られており、現在もなお人気の作品として世界中で上演されている。

本稿では、まず、オペラ『蝶々夫人』で日本文化や日本人がどのように表象されているのかを考察し、二〇世紀初頭のヨーロッパにおける日本への「理解」と「誤解」の歴史的な背景を検証する。次に、『蝶々夫人』という作品に対して、「当事者」としての日本はどのような反応を示したのか、その変遷を明らかにする。さらに、近年のヨーロッパにおける『蝶々夫人』に対する評価にも触れ、異文化と向き合う際に生じる諸問題を整理したい。

『蝶々夫人』は、筆者が担当する講義「日本文化研究」で扱っている題材のひとつでもある。講義では、『蝶々夫人』で日本がどのように表象されているかを考察しているが、特に、作品から喚起される「当事者性」を相対化することを試み、異文化に対する「理解の枠組み」がどのように歴史的、社会的に構築されているのかに気づくことを学習目標としている。本章では、「日本文化研究」という講義の教育実践についても併せて触れていきたい。

2　蝶々夫人のあらすじと成立まで

ミラノのスカラ座での『蝶々夫人』の初演は「歴史的な失敗」と酷評され、その後プッチーニは修正を加えており、現在、上演されているのは三つの場面（全二幕三場または全三幕）で構成された修正版である。[1] まずは『蝶々夫人』の登場人物とあらすじを確認しておきたい。

主な登場人物

蝶々さん（ソプラノ）……没落した武士の娘で、芸者になった。一五歳。親戚の反対を押し切ってピンカートンと結婚し、一途に思い続ける。

ピンカートン（テノール）……アメリカ人の海軍中尉で、長崎に駐在中のみの妻として蝶々さんと結婚する。

領事シャープレス（バリトン）……長崎駐在のアメリカ人領事。

スズキ（メゾソプラノ）……蝶々さんに仕える侍女。

ボンゾ（バス）……蝶々さんの叔父で、僧侶。ピンカートンとの結婚に反対する。

女衒ゴロー（テノール）……ピンカートンに蝶々さんを「斡旋」する。
ケイト・ピンカートン（メゾソプラノ）……ピンカートンが日本から帰国した後に結婚した正妻。アメリカ人。

あらすじ

アメリカ人海軍中尉のピンカートンは、長崎駐在中の「現地妻」として、女衒ゴローの紹介により一五歳の蝶々さんと結婚する。蝶々さんの親類縁者（叔父のボンゾなど）はみな反対したが、蝶々さんはクリスチャンに改宗しピンカートンを生涯愛することを誓う。結婚から間もなく、ピンカートンは任務を終え、アメリカに帰国する。ピンカートンが去ったあとに蝶々さんは息子を出産し、蝶々さんは、ピンカートンが戻ってくることを疑わず待ち続ける。

一方、ピンカートンはアメリカに帰国後、アメリカ人女性のケイトと正式な結婚をしていた。三年後、アメリカ人の正妻を連れて、ピンカートンは再び日本に来る。蝶々さんはピンカートンが来ることを知り喜ぶが、庭先でケイトを見かけ、ピンカートンがアメリカ人女性と結婚したことを知ってしまう。そこで息子をピンカートン夫妻にまかせることを決心し、「恥に生きるよりは名誉に死ぬ」と彫られた父の形見の短剣を取り出す。蝶々さんは短刀を喉に突き刺し自害し、ピンカートンとの再会は叶うことなく、幕が閉じる。

日本を題材にした作品であり、劇中には、「お江戸日本橋」や「さくらさくら」など日本の旋律も使われてはいるが、あくまでも部分的である。本作品中で知られているのは、蝶々さんとピンカートンの「愛の二重奏」や効果的に挿入されるハミング・コーラス、そして蝶々さんのアリア「ある晴れた日に」などである。つまり、『蝶々夫人』という作品の聴きどころとなる楽曲には、日本的ではなくイタリア・オペラに特有の甘美な旋律が使われているのである。

原作群との比較

次に、オペラ『蝶々夫人』と原作とされる諸作品について、それぞれの特徴とプッチーニに与えた影響を整理しておきたい。[2]

ピエール・ロティ（Pierre Loti 一八五〇―一九二三、本名はLouis Marie Julien Viaud）小説Madame Chrysanthème（『お菊さん』）一八八七年……ロングの短編小説Madame Butterfly（『蝶々夫人』）に影響を及ぼし、プッチーニの『蝶々夫人』では特に第一幕の結婚式の場面に影響を与えたといわれている。

ジョン・ルーサー・ロング（John Luther Long 一八六一―一九二七）短編小説Madame Butterfly（『蝶々夫人』）、一八九八年・・ベラスコの戯曲とプッチーニのオペラの原作。プッチーニは台本作家イッリカに本作をイタリア語に翻訳するように頼み、オペラ制作の参考にした。ロングは、ロティの『お菊さん』に影響を受けたことがわかっている。

ベラスコ（David Belasco 一八五三―一九三一）戯曲Madame Butterfly: A Tragedy of Japan（『蝶々夫人：日本の悲劇』）……ロングの小説をもとに戯曲化したが、蝶々さんが最後に自害するなど独自の演出を加え、よりドラマチックな物語展開にした。

プッチーニは、一九〇〇年六月にロンドンでベラスコの戯曲を観賞し、その日のうちにベラスコ本人からオペラ化の許可を得たという。ベラスコの戯曲の原作がロングの小説『蝶々夫人』であり、そのロングに影響を与えたとされるのが、ロティの『お菊さん』だ。

ベラスコの戯曲もロングの小説も、日本人女性の蝶々さんとアメリカ人海兵のピンカートンとの悲恋というあらすじは共通しているが、前者はピンカートンが日本を去った後のみを描いた全一幕であり、物語の結末も二つの作品では異なっている。ロングの小説では、蝶々さんは、ピンカートンとアメリカ人の妻ケイトに息子を預けることを受け入れるのだが、翌日に夫妻が引き取りに行ってみると、蝶々さんの家には誰もいなかったという、いわば解釈の余地を残す結末である。それに対して、ベラスコの戯曲では、ピンカートンの妻ケイトが蝶々さんの家についた時には、蝶々さんは短刀で首を突き、幼い息子を抱きしめたまま倒れていた。ベラスコの戯曲の方がロングの小説よりもドラマチックな結末であり、オペラ『蝶々夫人』の結末がベラスコの戯曲に基づいていることがわかる。

プッチーニが観賞したベラスコの戯曲には、オペラ『蝶々夫人』の第一幕と第二幕にあたる部分がない。これらの場面は、プッチーニが、ロングの小説『蝶々夫人』と、ロティの小説『お菊さん』を基に創作したのであった。オペラ『蝶々夫人』の台本は、ジュゼッペ・ジャコーザ（Giuseppe Giacosa 一八四七―一九〇六）とルイージ・イッリカ（Luigi Illica 一八五七―一九一九）が手掛けたが、特に第一幕の結婚式の場面は、プッチーニがイッリカに「愛の二重唱」でおわるように依頼した場面であり（永竹　二〇〇九、二四）、イッリカとプッチーニは、ロティの『お菊さん』を参考にしたことがわかっている。[3]

オペラ『蝶々夫人』の第一幕には、ピンカートンと蝶々さんの結婚を見届けようと、蝶々さんの親戚が大勢集まってくるという場面がある。親戚たちは二人を祝福するどころか、従妹が、ピンカートンに対して「美男ではないわ」と言ったり、「ゴローは、私にも勧めたのよ」、「いずれ離婚するわ、そうなればいいのに」などと口々に言い合ったりしている。結婚を斡旋したゴローが慌てて静かにするように言うほど騒がしく、結婚式という場ではどういう態度でいるべきかを共有できない、文明的なマナーに欠ける人々として描写されている。

ロティの『お菊さん』でも、お菊さんの結婚式の見物人たちは、マナーが非常に悪く、礼に欠けた人々として描かれており、オペラ『蝶々夫人』の結婚式の場面には、『お菊さんの』影響が特に顕著に認められる。

『お菊さん』と『蝶々夫人』――欧米からの眼差しの表と裏

ここで、ロティの影響について検証しておきたい。

海軍士官であったピエール・ロティは二度来日しており、一八八五年に初めて長崎を訪れた際に一八歳のおカネさんという女性を妻としてひと夏を過ごした。その時の経験をもとに『お菊さん』を執筆、一八八七年からフィガロ紙に連載し人気を博した。ロティ自身をモデルとした主人公「私」と一七歳の「お菊さん」との長崎での生活が日記形式で描かれた物語である。ロティの『お菊さん』はジャポニスムの流行とあいまって、欧米各国で愛読されるほどであった（落合　一九九二）。

『お菊さん』は長崎で西洋人男性が「現地妻」として日本人女性と結婚したあと、最後には帰国してしまう物語であり、ロングやプッチーニの『蝶々夫人』の基本的な骨組みがみてとれる。しかし一方で、ロティの描く日本人女性としてのお菊さんと蝶々さんには、見逃すことのできない相違点がある。蝶々さんが、ピンカートンを想い続けたにもかかわらず裏切られてしまう一方で、お菊さんはフランス人海軍士官の「私」を想い続けた女性として描かれてはいない。

蝶々さんとお菊さんの違いを最も象徴するのは、「私」が帰国する日本滞在の最後の日の描写である。「私」が「お菊さん」に別れを告げた後、船が出発するまでに思いのほか時間があったので、最後に「お菊さん」を一目でも見たいと再び家に戻ってみる。すると、「お菊さん」は「快活な唄」を口ずさみながら「私」が前の晩に手渡した銀貨が本物かどうかを「老練な両替屋」のように確かめて勘定していた。この光景を目の当たりにして、「私」は「軽い侮蔑の微笑み」を浮かべながら日本を去っていく。「お菊さん」は、フランス人男性である「私」の淡い期待を最後には裏切る日本人女性として描かれているのだ。結末は悲恋とは程遠く、ロティ自身が『お菊さん』をシニカルな意味で「喜劇」とも称したほどであった。

ロティの「お菊さん」とロングの「蝶々さん」の違いについて、中世文学研究者でオペラに関する著書の多いアルトゥール・グロースは次のように論じている。

ロティの自叙伝風の小説は、東洋に関する一九世紀のヨーロッパ人の物語に共通して見られる覗き趣味的な、官能的な脇道プロットのある異国紀行奇談のあらましを綴ったものである。これに対しロングの小説と（ベラスコの、筆者註）戯曲は、ロティが自ら公言した「日本喜劇」を悲劇に一変させ、官能冒険小説に批判的な反応を示す典型的なものである。（グロース 二〇〇四、一八〇）

上述の引用では、小説と戯曲の『蝶々夫人』にはロティの『お菊さん』に対する批判が込められていることが指摘されているが、その批判が「典型的である」と表現されていることに着目したい。例えば、ロングの『蝶々夫人』では、ピンカートンが幼さの残る蝶々さんを微笑ましく見守る紳士としても描かれており、ロティの「喜劇」を「悲劇」に変換した。しかしながら、ロングの「蝶々さん」も相互理解の対象としての対等な他者というよりは、寛容に接するべき他者にすぎず、あくまでも一九世紀末のアメリカ人読者のための物語であるとグロースが解釈した可能性がある。ロティは日本人女性を心の通じない他者として冷ややかに描写し、ロングはロティへの批判を込めていたわるべき弱い他者として日本人女性を描写したという指摘とも読み取れる。すると、プッチーニの『蝶々夫人』には、ロティの系譜ともいえる「覗き趣味的」で「官能的」な「異国紀行奇談」としての要素と、一九世紀末のヨーロッパの「官能冒険小説」に対する批判的な要素の双方が、映し出されていると解釈することができるだろう。フランス人男性を裏切る日本人女性への冷ややかな視線とアメリカ人男性に裏切られる日本人女性への憐みの視線は表裏一体となって、一九世紀末のヨーロッパから日本に注がれたのであり、プッチーニのオペラ『蝶々夫人』には、その眼差しが継承されたといっていいだろう。

3　これまでの先行研究――ジェンダーとオリエンタリズム

オペラ『蝶々夫人』については、作品の歴史的背景を考察する研究や音楽的な側面を検証する研究、また、プッチーニの作曲活動の解明を試みる研究など、音楽史をはじめとする諸領域で論考が重ねられている。

政治理論が専門でオペラに関する著作も多いアーブラスター（Arblaster 1992=2001）は、『蝶々夫人』に「政治的側面」を見出している。アーブラスターは、ピンカートンは強いアメリカを象徴し、より弱い立場の蝶々さんを「使い、捨てる」という不平等な関係性こそが悲劇を成立させていると論じている。また、表象文化論やジェンダー論を専門とする森岡実穂は、『蝶々夫人』を「帝国主義のテクスト」として捉え、アメリカと日本におけるる「国家」に対する意識の成熟度の相違が人物描写に投影されていると読み解いた。さらに、女衒のゴローがピンカートンにへつらう姿勢の分析を通じて、被支配者が女性化されていることを明らかにした（森岡 二〇〇三）。

ドイツ文学研究者の小川さくえは、オペラの原作となった作品を丹念に分析し、蝶々さんの「美しい自己犠牲」には、「従順で神秘的な東洋女性」だけでなく、西洋が失ってしまった西洋男性にとっての「理想的な西洋女性」という二重の欲望が投影されているという解釈を提示している（小川 二〇〇七）。さらにサイードのオリエンタリズムに依りながら、西洋の近代社会が自らの内にある「野蛮」、「幼稚」そして「非文明」という属性を日本人の登場人物たち（＝「他者」）に背負わせることで、それらを西洋の内から排除しようとしていると指摘する。非文明性を「他者」として外側に排除することで、その対極にある「秩序」「理性」などの文明的な属性を西洋のものとして規定することが可能になると論じた。

上述の先行研究がオリエンタリズムやジェンダーの視点から『蝶々夫人』を分析し、西洋の内側から構築された西洋人による西洋人のための物語として検証しているのに対して、人類学者の川田順三は、『蝶々夫人』と日本との関わりに着目し、西洋と日本の間を往来するうえで生じる問題について次のように言及している。

『蝶々夫人』は、一九世紀西洋のエキゾティスム、東洋趣味の一部としてのジャポニスムの物語としてまずあり、後にその対象とされた日本人の側からも捉え返されるという、異文化間の相互理解をめぐる、幾重にも屈折した歴史を生きて来たのだ。（川田 二〇〇四、三二四）

一九世紀後半とは、万国博覧会への参加を契機に、ヨーロッパで日本の美術工芸品などへの関心が高まった時期である。また、江戸時代の浮世絵に特徴的な構図や色使い、そして庶民の日常を描くテーマ設定などがフランスを拠点としていた若いアーティストたちに大きな影響を与え、「ジャポニスム」が起こった時期でもある。『蝶々夫人』は、まさにその一九世紀末西洋の産物であるが、それと同時に、二〇世紀にも、そして二一世紀の現在においても欧米各地、ならびに日本で上演され続ける現在進行形の作品でもある。森岡が「舞台表象とは必然的に、作品が書かれた時代と上演される時代のふたつのディスコースから複眼的に構成されるもの」（森岡 二〇〇三、二九五）と述べ、小川も一九世紀後半から二〇世紀初頭に生まれた多くの日本を題材とした作品のなかでも『蝶々夫人』は「現代まで生き残った」（小川 二〇〇七、七）数少ない例と指摘するとおり、今日においても異文化間を往来し捉え返され続けている作品なのである。

さらに川田は、西洋が構築した「神秘的な日本」を自覚的に利用することによって国際性を手に入れ、その国際性をアピールして国内で活躍した例として三浦環（一八八四年―一九四六年）についても触れている。三浦環は東京音楽学校を卒業後、夫で医師の三浦政太郎とともに渡独して声楽を学び、イギリスでのデビューが高く評価されて以降、欧米各地のオペラハウスに客演し、「蝶々さん」を演じた。[4] 三浦は西洋産の「蝶々さん」イメージに単に甘んじたのではなく、自ら戦略的にそのイメージを取り入れ、自覚的に西洋の「蝶々さん」イメージを体現したことによって、世界にその名を馳せた。さらに「世界的なソプラノ歌手」という西洋での評価を携えて、日本国内における絶対的な地位を確立する。西洋の「蝶々さん」イメージを自覚的に取り込み利用することを、川田は、日本側からの捉え方のひとつのヴァリエーションとして提示している。

『蝶々夫人』は一九世紀末の西洋産の物語であり、同時に、舞台となった日本からも捉え返されている作品でもある。今日に至るまで西洋と日本の間を往来し、問題を提起し続けている。次節では、これまで日本で『蝶々夫人』がどのように捉えられてきたのか、その特徴と変遷を明らかにしていきたい。

4　日本国内の反応

日本のマス・メディアにおける反応――新聞記事を中心に

三島由紀夫が一九四八年に発表した『蝶々』という短編小説には、『蝶々夫人』に言及している箇所がある。主人公の「清原」は、青年時代にイタリアで美しい日本人女性とともに、三浦環が蝶々さんを演じるオペラ『蝶々夫人』を観たことを回想し、次のように述べている。

日本の菊の季節の市松格子を思はせるあの正方形をつらねた愉快な障子や左前のキモノや目の吊り上つた狐のやうなゴロオや、まだ若くてそれこそ「おままごとの年」一五歳に見えた環女史の蝶々さんやそれらを見てゐる私諸共に、日本といふ国はこんなに奇異で軽快で、日々の生活がお伽噺風な忙しさで溢れているところだと思われてくるのでした。（三島　一九四八＝一九七四、三一六―七）

観客である「清原」は、オペラ『蝶々夫人』を見ながら、「日本といふ国」が、「奇異で軽快」で「お伽噺風」と思われてきたと回想している。三島のこの描写は、オペラ『蝶々夫人』には、観客である「清原」に当事者性の喚起ともいえるような作用があることを示唆している。

本節では、主に明治期以降の『蝶々夫人』に関する新聞報道を考察し、日本国内の反応や関心のあり方の諸相を明らかにしたい。[5]

『蝶々夫人』に対する日本のマス・メディアの反応の一例として、高折寿美子（一八八六―一九六一）が、アメリカで『蝶々夫人』に出演したことを報じる記事を紹介したい。高折寿美子とは、東京音楽学校を中退した後、ヴァイオリニストの高折周一と結婚して渡米、ニューヨーク音楽院で声楽を学んだソプラノ歌手である。読売新聞のインタヴューで、高折寿美子は『蝶々夫人』に対して興味深い見解を示している。

西洋のお方に歌って戴くと此の歌劇の眞の味ひを損じますからね。私がこの歌劇を一番好くと申すわけは日本婦人の心意気と貞操とを能く現はして居りますし、又純粋の日本音楽をも現はして居りますからで御座います。（読売新聞一九一一年九月一九日）

高折は、『蝶々夫人』に日本人女性の「心意気と貞操」そして「純粋の日本音楽」が現れているとみなし、だからこそ日本人である高折が西洋人歌手にはない「味ひ」を醸しだすと答えている。実は高折のような解釈は、この時代のマス・メディアにおける『蝶々夫人』に対する反応の特徴をよく示している。一九一〇年代から一九二〇年代半ばころまでは、『蝶々夫人』が欧米で上演されていることや、日本人ソプラノ歌手が出演し、好評を博したことなどを積極的に報じることが主流であった。先述した三浦もそうした文脈で取り上げられており、ほかにも、三浦と同様に国際的な舞台で活躍した原信子（一八九三―一九七九）についても、ニューヨークで蝶々夫人を演じたことが「大人気を呼んでいます」（読売新聞一九二〇年一一月六日朝刊）という見出しで報じられている。

また、この時期の欧米の劇場における『蝶々夫人』の公演の状況も頻繁に伝えられている。一例として、一九一二年にオペラ・コミック座でマルグリット・カレ（Marguerite Carré 一八八一―一九四七）が主演した『蝶々夫人』に関する記事を取り上げたい。主演のカレの美貌と歌唱を称え、さらに観客から拍手喝采が起こったことを伝えたうえで、「日本劇と云へばすべて變痴気なハラキリの真似をする旅役者の寄席の舞台で演ずる者との考へは之れでくつがへされた譯だ」（読売新聞一九一二年一月二〇日朝刊）と結んでいる。それまでのインチキな欧米産の「日本劇」を『蝶々夫人』は修正する作用があるとみなされている。

しかし『蝶々夫人』のいわば「功績」を取り上げるこうした報道は、一九二〇年代の半ばになると一変する。欧米で上演されている『蝶々夫人』と実際の日本との違いに対するある種の不満がにじみ出る記事が現れ始めるのだ。一九二五年には、「まづ眞實を傳へよ。日本は知られなさ過ぎる」という見出しで、「蝶々さん」は「今の日本人とあまりに大差ある」などと報じられるようになっていく（読売新聞一九二五年八月二八日朝刊）。以降、『蝶々夫人』の「誤り」を指摘する報道は徐々に増えていった。一九二九年には、日本を題材としたオペレッタ『ミカド』（ギルバート脚本、サリヴァン作曲、一八八五年初演）や上述のロティの『お菊さん』などと同様に、「欧米劇作家」が「誤って日本を観た」一例として『蝶々さん』も位置づけられる（読売新聞一九二九年一〇月一二日朝刊）。

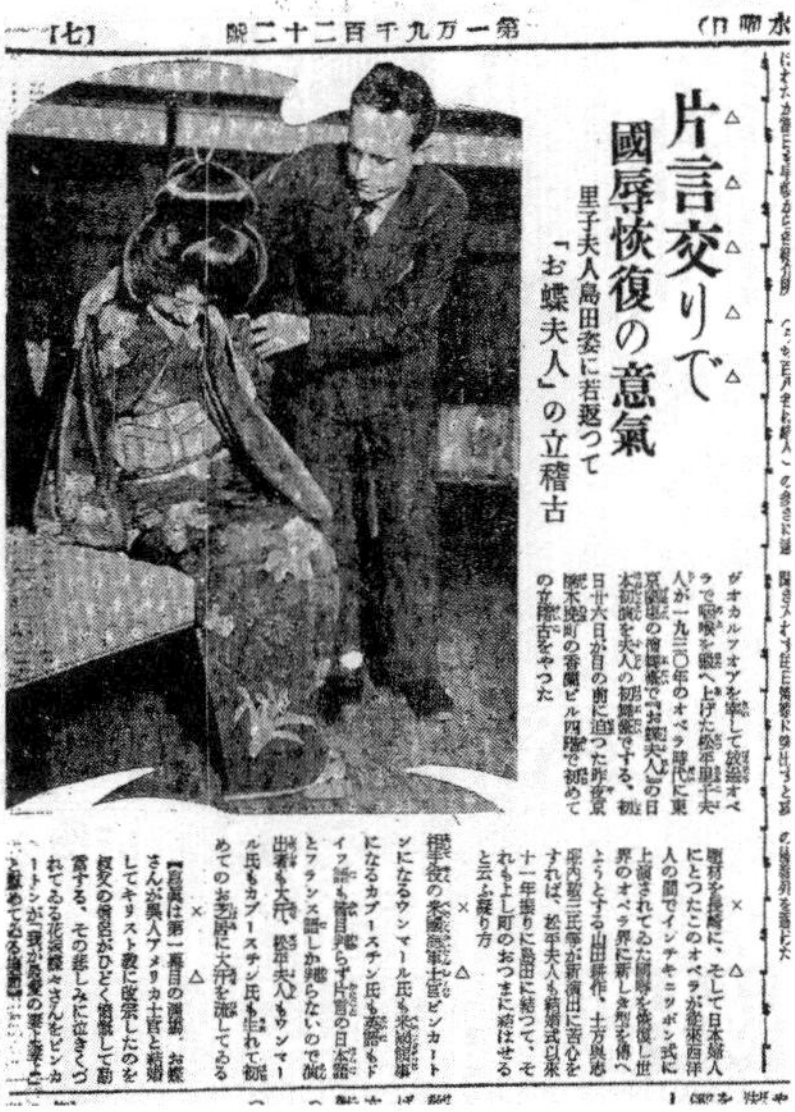
片言交りで
國辱恢復の意氣
里子夫人島田姿に若返つて
「お蝶夫人」の立稽古

画像1 読売新聞 1930 年 5 月 21 日朝刊

一九三〇年代に入ると、『蝶々夫人』を「屈辱的」と捉え、それらを批判したり改訂する必要性を唱える記事がさらに増えていく。一九三〇年五月二六日から東京劇場で上演された『蝶々夫人』（松田里子主演、歌詞は日本語と英語）は、堀内敬三（一八九七―一九八三）が改訂、そして山田耕筰（一八八六―一九六五）と土方興志（一八九八―一九五九）が演出したことから、「このオペラが従来西洋人の間でインチキニッポン式に上演されてゐた国辱を快復し世界のオペラ界に新しき型を傳へようとする」（読売新聞一九三〇年五月二一日朝刊、画像1）という期待が寄せられるほどであった。ハリウッドのパラマウント社が制作した映画版『お蝶夫人』（一九三三年、マリオン・ガーリング監督）では、当時の人気女優シルヴィア・シドニーが「蝶々さん」を、ケイリー・グラントが「ピンカートン」を演じているが、日本では酷評され（読売新聞一九三三年三月二八日夕刊など）、その後、日本人女優を主演に、「屈辱場面を一掃する」ための「改作」を制作することが話題になるほどであった（読売新聞一九三七年六月二七日朝刊）。改訂版映画の制作は実現しなかったが、日本人の手によって「国辱快復」を使命とする機運は失せることなかった。一九三〇年代後半からは、時勢を反映して海外のオペラ公演についての情報も国内のオペラ上演の回数も激減したことに伴い、『蝶々夫人』に関する報道そのものが消えていく。再び、国内の劇場で上演された『蝶々夫人』がニュースとして取り上げられるようになったのは一九四〇年代後半であった。

日本における『蝶々夫人』への反応を考える上でひとつの画期となるのが、一九五四年にイタリア人のカルミネ・ガローネが監督と脚本を手がけた日伊合作映画『蝶々夫人』が制作されたことであろう（公開は一九五五年）。蝶々さん役を当時宝塚歌劇団に所属していた八千草かおるが演じ、歌声はイタリア人ソプラノ歌手のオリエッタ・モスクッチ（一九二五～）が吹き替えている。本作は概ね日本国内では好評を得ており（『キネマ旬報』一九五五（四）、五〇―四）、八千草かおるは国際女優として評価された。本作の公開にあたって、当時、東宝株式会社社長であった小林一三（一八七三―一九五七）は、「従来の歌劇上演に行われた欧米流解釈の、ややもすれば不自然に歪められた日本的雰囲気の描写演出は名匠カルミネ・ガローネ監督を中心に細心な検討が加えられ」（読売新聞一九五五年五月一六日夕刊）、見事な出来栄えであったという挨拶文を寄せている。一九三〇年代に「国辱快復」とあからさまに表現されたほどではないものの、小林一三の言葉からは、欧米各国で上演されているオペラ『蝶々夫人』には、いまだに「改訂する必要性」があるという認識がその後も共有されていただろうことが伺える。

その後、一九六〇年代から七〇年代にかけては、日本の歌劇団がヨーロッパで『蝶々夫人』を上演して成功させたこと、さらに、海外から一流の指揮者や歌手やオーケストラなどが招かれて国内で『蝶々夫人』が上演されたことなどが頻繁にニュースとして取り上げられている。この時期、「本場ヨーロッパ」で日本人が『蝶々夫人』を上演することとヨーロッパの歌劇団などの「本物」が国内で上演することへの関心が一程度あったと推察できる。

もう一つの画期として、一九八五年一二月、劇団四季の創始者である浅利慶太（一九三三―）が、スカラ座での『蝶々夫人』の演出を手掛けたことに触れておきたい。オペラの殿堂であるミラノのスカラ座において、日本人が演出を手がけるのは浅利が初めてのことであった。蝶々さんを林康子（一九四三―）が演じ、衣装を森英恵（一九二六―）が担当するほか、照明や装置に至るまで、すべて日本人スタッフによって制作された。黒子が龍安寺のような石庭の白砂をならすプロローグから始まり、障子に影絵のように蝶々さんを映し出すなどの演出は、「本場イタリアで大好評」（読売新聞一九八六年一月四日朝刊）という見出しのとおりで、現地での反応は日本でも報じられた。浅利演出の『蝶々夫人』はその後、チリのサンティアゴでも上演され、地元の主要紙に絶賛され、立ち見客がでるほどの賑わいをみせたという（梶本二〇〇一、一二）。

浅利は、長野の冬季オリンピック（一九九八年）の開会式で総合演出を手がけた際、聖火台への点火という一番の見せ場でも『蝶々夫人』のアリア「ある晴れた日に」を選曲している。その演出について社会学者の小川博司は、「西洋人が抱くステレオタイプ的な日本イメージを、そして裏切られることになる求愛の歌を、なぜことさらに持ってこなくてはならなかったのだろうか」（読売新聞一九九八年二月二四日夕刊）と疑問を呈している。劇場での全幕公演とオリンピック開会式の演出を比較することはできないが、浅利の『蝶々夫人』の演出や解釈は海外で高く評価された一方で、一九世紀末の西洋でうまれた日本イメージをオリンピックという国際的な場で強化してしまったと受け止められた。海外と日本における浅利の演出方法に対する評価の多様性は、西洋の構築した「日本イメージ」に寄り添うのか、それともそれを修正し覆すのか、「日本人の側から捉え返される」（川田二〇〇四、三二四）際に生じる困難さを象徴しているといえるだろう。

世界的に活躍した二人の日本人ソプラノ歌手、林康子と渡辺葉子（一九五三―二〇〇四）の『蝶々夫人』に対する解釈の違いにも触れておきたい。林康子は、『蝶々夫人』におけるプッチーニの日本理解について、「細部で一、二か所間違えてとらえているかも知れませんが、音楽を聴けば、精神面では理解していることがわかります。このオペラには日本の真実の何かがあります」と述べており（読売新聞一九八六年一〇月二一日夕刊）、明治時代の高折寿美子にも共通するような解釈を示している。一方、世界四大歌劇場のすべてで主役を演じるほど欧米で高く評価された渡辺葉子は、日本で蝶々さんを演じるにあたってのインタヴューで、「プッチーニが日本にきて書いたオペラではないですし、ヨーロッパ人がどういうイメージで蝶々さんをとらえたのかを、そのまま出すのも大切だと思います」（読売新聞一九八五年七月三日夕刊）と答えている。林が「日本の真実の何か」があると述べたのとは対照的に、渡辺は、あくまでもヨーロッパの人々の日本イメージとして作品を捉えている。ソプラノ歌手として世界的に評価された二人の捉え方の違いは、欧米との交流が圧倒的に活発になった時代においてもなお、

『蝶々夫人』には「日本がよく表れている」という解釈と「あくまでも西洋からみた日本」と割り切る解釈とが共存していたことを示す例だといえる。

演出や作品として表出した反応

次に『蝶々夫人』に対して演出家らがどのような反応を示したのか、その後の作品や演出を事例に検証したい。

蝶々夫人の初演から一〇〇年目にあたる二〇〇四年四月、作曲家の三枝茂彰（一九四二―）と作家の島田雅彦（一九六一―）によるオペラ『ジュニア・バタフライ』が東京で初演された。第二次世界大戦中の日本を舞台にして、成長した蝶々さんの息子と日本人女性の悲恋を描いた作品である。台本を執筆した島田は、『蝶々夫人』には「日本が、浮世絵と万博を通じて作られた幻にとどまっていた頃の物語ゆえ、日本人の観点からどうしても感じてしまう居心地の悪さ」（毎日新聞二〇〇四年二月二七日朝刊）があり、それに報いるべく『ジュニア・バタフライ』の制作に取り組んだと話している。[6]『蝶々夫人』への違和感を、一九世紀の西洋の産物として割り切るのではなく、超克するために、『蝶々夫人』の後日談を創作することを一つの回路として見出した例ともいえる。

違和感に対する応答の事例として、オペラ歌手の岡村喬生氏の取り組みにも触れておきたい。[7]岡村氏は『蝶々夫人』のなかの日本文化に関する「明らかな誤り」を修正し、二〇〇〇年初頭から、改訂版を制作、演出、上演している。きっかけは、ローマで声楽を学んだ後、欧米各地の劇場で蝶々夫人の叔父「ボンゾ」を演じてきたことだったという。時代考証や慣習、そして風俗をまったく無視した設定に、間違いだから直してほしいと演出家に抗議しても受け入れられず、結果的に、「日本人として屈辱的な経験」が避けられなかったという。そこで原作を精査し、台本と演出の一一ヶ所を修正した「改訂版」を制作、二〇〇三年に東京で上演し好評を博した。そうした活動が評価され、二〇一一年八月にイタリアのプッチーニ・フェスティバルでの上演が決まったが、プッチーニの孫娘で著作権を所有するシモネッタ・プッチーニは改訂を認めず、やむを得ず従来版を上演した（ただし明らかな間違い一一ヶ所中三ヶ所は修正した）。しかし一方で、音楽祭の総監督フランコ・モレッティ氏をはじめとする多くの音楽関係者は、岡村氏の改訂版の意義に理解を示したという。

また、指揮者の西本智実（一九七〇―）は、京都で『蝶々夫人』をプロデュースした際に、「外国で上演される蝶々夫人に違和感を覚え、日本ならではの作品に挑戦したかった」（読売新聞二〇一四年一月二八日夕刊）とインタヴューで話している。これもまた音楽家たちが従来の『蝶々夫人』への違和感を表明し、実際の上演に反映させるという近年の事例の一つと位置付けられる。プッチーニの遺族が改訂を認めない一方で、日本では作家や作曲家、歌手や指揮者などが自らの手によって『蝶々夫人』への「居心地の悪さ」や「違和感」を超克しようと活発に取り組んでいることがわかる。

5　欧米における近年の反応

『蝶々夫人』に対して「違和感」を抱きそれを問題視するという反応は、誕生の地である欧米の側からも起こっている。ロンドン大学キングス・コレッジの音楽学、オペラの専門家であるロジャー・パーカー教授は、『蝶々夫人』が植民地主義的で人種差別的であり、台詞だけでなく、プッチーニの音楽にも問題があると断じた。さらに、ステレオタイプ化された『蝶々夫人』を観賞することは、差別に無意識のうちに加担することであり、現代の視点から改訂する必要性を訴えた。パーカー教授がイギリスでは著名なオペラ研究者であることから、この発言は注目され議論を巻き起こした（Daily Telegraph）。

パーカー教授が争点としているのは、日本人や日本の習慣が忠実に伝わっているか否かではない。『蝶々夫人』が植民地主義的な視点で描かれた人種差別的な要素を有しており、それが訂正されないまま上演され続けていること、そしてそれを観賞し続ける聴衆を問題視しているのだ。デイリー・テレグラフ紙のインタヴューに、パーカー教授は、差別の一例として、ピンカートンが蝶々さんの親類と宗教を嘲笑している場面を挙げている。これは第一幕の婚礼のシーンであり、先述のとおり、ロティの『お菊さん』に着想を得て創作された場面である。ここで再び、ロティの『お菊さん』に一九世紀末西洋の東洋に対する「覗き趣味的な」視線を指摘したグロースの言葉を引用したい。

> パリの人々は植民地時代の利己主義の描写や、一九〇六年の初版が今でもベストセラー小説で七〇版近くになんなんとする（原文ママ）『お菊さん』を由来とする民俗的固定観念のイメージに、ほとんど異議を唱えることがない人たちなのである。（グロース 二〇〇四、一九九）

グロースが言及しているのは『蝶々夫人』の聴衆ではなく、『お菊さん』の読者であることに注意を払わなければならない。しかし、植民地時代の産物であるロティの『お菊さん』に「異議を唱えること」なく受け入れているパリの読者たちは、パーカー教授が断罪する「無意識に差別に加担している聴衆」に通じているともいえる。異議を唱えることのない観客と植民地主義的な要素を断罪するという二つの対照的な捉え方が、現代の欧米で混在していることがここに示唆されている。

6　講義「日本文化研究」における「蝶々夫人」

筆者は二〇〇七年度から「日本文化研究」という講義を担当し、オペラ『蝶々夫人』を題材の一つとしている。本講義では、一九世紀後半から二〇世紀初頭の西洋において日本がどのように表象されてきたのかというテーマに取り組んでいる。日本文化研究で『蝶々夫人』をつかう狙いは二つある。一つは、一九世紀後半から二〇世紀初頭の日本と西洋を取り巻く歴史的背景を、『蝶々夫人』という作品を通じて捉えること、もう一つは、文化研究における表象の問題を身近に、かつ段階的に理解してもらうことである。

講義では、まず概念としての「表象」を説明している。「表象」をめぐる問題を考察する事例として『蝶々夫人』のあらすじや原作群を紹介し、作品が制作された一九世紀後半から二〇世紀初頭の欧米における「日本」イメージの変遷などについて論じている。次に、DVD化されたオペラ『蝶々夫人』を観賞し、実際にヨーロッパの劇場で上演されている『蝶々夫人』を観賞し、日本と欧米の反応を紹介する。特に、岡村喬生氏の間違いを正そうとする取り組みと、それを認めないプッチーニの遺族とのやりとりを取り上げ、それぞれの立場について考察することを促す。『蝶々夫人』の捉え方の多様性を具体的な事例で示し、それぞれの有効性や問題点を考えてもらう。

この段階で、概念としての「表象」を『蝶々夫人』に応用することを試みる。具体的には、(一) 誰が表象しているのか (二) 誰に表象しているのか (三) 何が表象されているのか (四) どのような装置を通じて表象されているのか (五) どのような歴史的・文化的・政治的・社会的な文脈において表象されているのか、という五つの問いに取り組んでもらう。「表象」の送り手と受け手はどのような関係性なのか、オペラというメディアの特性は何か、『蝶々夫人』が制作された歴史性と上演され続ける現在性の関係などを明らかにし、作品を分析する視点の形成を目指す。

受講生たちが記入したコメントを紹介したい。コメントの作成は、『蝶々夫人』をどのように受け止めたのか、また、表象の問題をどのように理解したのかを整理して言語化する作業でもあり、受講生たちの理解度の確認としても活用している。以下は、二〇一五年度の講義で集計したコメントからの抜粋で、誤字と脱字のみ筆者が訂正した。

コメント№1．「完成している芸術作品を改訂すべきではないという考えは理解できます。しかし現代でも日本イメージを間違ったまま受け入れられるのは日本人としてくやしいと感じました。「蝶々夫人の中で間違いがある」という事だけでもヨーロッパの人に伝わってほしいです。」（四年生T・H）

コメント№2．「まず一九世紀に作られた作品が現在に至るまで残って存在していることは歴史的価値が高いと言え、またその作品を見ることで当時の日本はどのように思われていたのかを知る一つの手がかりになると言えると思う。しかし間違いがそのまま訂正されず、かつ訂正することも難しい現状をもどかしく思う。（中略）しかし登場人物の人間性までを訂正することは難しいと思う。なぜならこれが正しい正解の日本人（女性）という像はないからである。」（四年生K・R）

コメント№3．「イタリア人が日本人を一〇〇％理解することも、日本人がイタリア人を一〇〇％理解することはできない。加えて、他者が他者を一〇〇％理解することはできない。お互いが一〇〇％理解できないことを認識した上で謙虚な姿勢を持つことが重要である。つまりお互いが謙虚な姿勢を持つことで、両者とも敬意をはらうことができ、相互理解が深くなると考える。表象という概念は純度一〇〇％の正しいものには成り得ないということを私達は知っておかねばならない」（四年生Ｋ・Ｋ）

コメント№４．「現在でもあきらかな間違いが訂正されないまま上演されている事は良くない事だと思います。しかし、私たちが今このオペラ作品について学んでいる様に、昔日本は他国からどうみられていたかを知る題材にもなるので、そういった面では今だけでなく過去の表象のされ方も知れるので良いと思います。しかしいい意味でも悪い意味でもまちがった表象をされるというのは気持ち的によいものではなく、やはり自分の立場から考えても訂正したいという気持ちが芽生えます。（中略）一〇〇％正しい表象は存在しないと思います。なぜなら同じ国だから全員が同じ考えだとは限らないからです。同じ国でも一人一人の理解の枠組みはちがうものであるので、誰もが一〇〇％だといえる正しい表象のされ方はありえないと思います。私が考えるアメリカ人イメージなども、勝手におもっているだけであり、絶対に正しいとは思っていません。他国と同じように事実とはちがうのに自分の枠組みに置き換えて考えてしまっているので、少しでもイメージだけでなく正しいアメリカの姿というものを知るべきだと思いました。」（四年生Ｎ・Ｒ）

コメント№５．「日本を正しく表象することは、日本人にとっても難しいことだと思います。」（三年生Ｈ・Ｒ）

コメント№６．「間違いだと言いつづける方が無粋だと思う。人々が望むなら正されるべきだが、そうでないならそのままで良いと思う。その方が芸術だと思うので。」（三年生Ｙ・Ｈ）

コメント№7．「外（国）人の思い込みがそのまま上映されるのは不愉快。日本人だけで作ったものを発信すればいいと思う。正しい表象とはならないかもしれないけど外（国）人が作るよりマシになると思う。日本人同士でも男と女で考えがかわってくるし、正しい表象なんてないと思う。」（三年生M・N）

これらは二〇一五年度に集計したコメントの一部ではあるが、ここにみられる特徴をまとめておきたい。まず、日本人として登場する人物達の衣装や化粧、そして日本の慣習などについて明らかに間違っている奇妙な点については、訂正すべき、訂正してほしいという意見が多く、「くやしい」（コメント№1）や「もどかしい」（コメント№2）といった感情を抱いたり、なかには「不愉快」（コメント№7）と表現したりする受講生もおり、作品が受講生たちに「当事者性」を強く喚起させていると推察できる。一方、訂正の必要はない、訂正はしなくてもよいという意見もある。その理由としては、制作された時代を反映しているから、または芸術作品として完成しているからなどが挙げられている。

表象に関しては、「正しい日本表象」がそもそも存在しえないという記述も多く、表象とは送り手と受け手のコンテクストに応じて構築され変容するものという理解に達しているといっていい。『蝶々夫人』で表象される日本に「当事者性」を感じつつも、概念としての「表象」を理解することによって、その当事者性の相対化がなされているとみなすことができるだろう。さらに、「私が考えるアメリカ人イメージも勝手に思っているだけであり」（コメント№4）と記述されているように、自分たちも「他者」や異文化に対して構築されたイメージをもっていることに気づく学生もいる。日本が表象されていることを当事者として身近に感じることが、異文化と自分との関わり方を再考したり発見したりする契機となっている。

上記のようなコメントの特徴や傾向は、過去の集計結果からも見出すことができる。このことからも、『蝶々夫人』は、理論的な説明に偏りがちな表象という概念について、受講生にとって身近で、なおかつ段階的に理解を深めるために有効な題材である。受講生たちは「他者」として表象される日本に「当事者性」を感じ、なかには感情的な反応も生じるが、それらの相対化を促すことによって「異文化」と自己との関わりを改めて考えることに繋がる。表象については、段階的に一定の理解に到達しているといえる一方で、ピンカートンやシャープレスといったアメリカ人の登場人物達に対する言及が例年ほとんどない。ピンカートンは、一九世紀末のイタリアで生まれたアメリカ人男性の表象とも捉えることが可能である。さらに物語に踏み込んで、このような視点を提示し、さらに表象の問題を考えることもできるだろう。

7　おわりに

日本国内の新聞報道を検証した結果、明治時代の一時期を除いて、『蝶々夫人』に対して「今の日本人と大差ある」という見出しに集約されるような「不満」や「違和感」が共有されてきたことが改めて明らかになった。日本国内の反応をまとめるならば、特定の歴史的文脈に基づいて構築された欧米産の東洋イメージとして割り切るという見方と、改訂版や新作を制作したり新しい演出方法を試みたりするなどイメージを修正しようとする選択肢のあいだを『蝶々夫人』は今もなお往来し続けている。また近年の欧米においても、植民地主義的な要素を問題提起する専門家や改訂版に理解を示す音楽家たちが存在する一方で、完成された芸術作品として手を加えることを望まない関係者や聴衆もいるなど、捉え方のヴァリエーションには幅がある。

　筆者が担当する講義を事例とすると、『蝶々夫人』はそれに対する反応の諸相も含めて、表象という概念や異文化間の相互理解の諸問題を考えるために有効な題材であるといえる。三島作品の主人公「清原」に通じるような印象を多くの受講生たちは抱くが、表象について段階的に理解することによって、その「当事者性」は相対化がある程度可能であることがわかる。その一方で、「そもそも正しい表象はあり得ないが、日本人が作る方がマシ」という学生のコメントのように、表象を理解したとしても「不満」や「違和感」が解消されるわけではない。欧米産の日本イメージに対峙することはしかし、自らの日本産の欧米イメージに気づく契機にもなり得た。作品が制作された歴史的背景に加えて、どのように受け止められてきたのかという反応の諸相を捉える試みを通じて、「日本」を相対化して理解する視点や異文化を理解する際に生じる問題を身近に考えることが可能になるといえるだろう。

画像２『蝶々夫人』のＤＶＤジャケット
（一九七四年制作　映画版）
指揮カラヤン、演奏ウィーン・フィルハーモニー管弦楽団、演出ポネル
蝶々さん役のフレーニの顔は丸く白塗りされている。

概念・用語

表象……国語辞典では「①象徴②哲学、心理学で、知覚に基づいて心に思い浮かべる外界の対象の像（イメージ）」とある。本稿では、講義「日本文化研究」で用いているとおり、「思考において作用する記号」と緩やかに定義する。他に、表象とは、「言葉」と「物」は「契約」で結ばれていると考える分析概念。つまり言葉と物の関係に客観的な根拠はなく、両者の関係性の根拠は構築されており、その構築性を検証することが、文化の理解に繋がるという考え方。詳しくは、ミシェル・フーコー一九六六＝一九七四　渡辺一民・佐々木明訳『言葉と物――人文科学の考古学』新潮社、高山宏二〇〇七『近代文化史入門――超英文学講義』講談社学術文庫

ジャポニスム……一九世紀後半のフランスで、浮世絵の移入やパリ万国博覧会への出展により流行した日本の影響をうけた美術・芸術の傾向。絵画、版画、彫刻、建築などの分野に影響を与えたが、特に印象派の画家たちに大きな影響を与えたことで知られる。（広辞苑を参照）詳しくは、大島清次一九九二『ジャポニスム――印象派と浮世絵の周辺』講談社学術文庫）、馬淵明子二〇〇四『ジャポニスム――幻想の日本』など

オペラ……歌劇を中心とした舞台芸術。一七世紀初頭のイタリアで誕生、ヨーロッパ各地に広まり発達した。（広辞苑を参照）

注

1　永竹由幸（二〇〇九　二二一―二六頁）などによれば、一九〇六年一二月にパリ公演のために修正された改訂版が原型になったという。

2　『蝶々夫人』の原作については、永竹（二〇〇九）、バークガフニ（二〇〇〇）、小川（二〇〇七）を参照。

3　第一幕におけるロティの『お菊さん』の影響については、小川（二〇〇七）、バークガフニ（二〇〇〇）、グロース（二〇〇四　一七二―二〇〇）などを参照。

4　三浦環については、川田（二〇〇四）、バークガフニ（二〇〇〇）、小林（二〇〇一）などを参照。

5　調査対象としたのは、読売新聞と朝日新聞、そして毎日新聞と東京新聞で、「蝶々夫人」、「お蝶夫人」をキーワードとして検索した。
6　NHK《知るを楽しむ　この人この世界》の《島田雅彦オペラ偏愛主義》（二〇〇八年六～八月放送）の《第七回「蝶々夫人」と息子の物語》でも同様の発言をしている。
7　岡村喬生氏の取り組みについては読売新聞（二〇〇三年七月一九日夕刊）、プッチーニ・フェスティバルでの上演については、東京新聞（二〇一〇年六月二〇日）、読売新聞（二〇一一年五月二〇日朝刊、同年八月一二日朝刊二三面）などを参照した。なお、プッチーニの遺族との交渉やイタリアでの改訂版上演までの経緯は、《プッチーニに挑む》というタイトルでドキュメンタリー映画化（二〇一二年東京国際映画祭正式出品作、株式会社パンドラからDVD化）されており、読売新聞（二〇一二年五月一日夕刊八面、同年六月五日朝刊三三面）や朝日新聞（二〇一二年五月二二日夕刊三面、同年一一月三〇日夕刊三面）などで取り上げられている。

参考文献
小川さくえ　二〇〇七　『オリエンタリズムとジェンダー：「蝶々夫人」の系譜』法政大学出版局
落合孝幸　一九九二　『ピエール・ロティ―人と作品』駿河台出版社
梶本泰代　二〇〇一　「浅利慶太演出オペラ『蝶々夫人』サンティアゴ公演について」『ラテン・アメリカ時報』（一二）二六―一九頁
川田順三　二〇〇四　『人類学的認識論のために』岩波書店
小林裕子　二〇〇一　『三浦環没後五五周年記念出版マダム・バタフライ』四谷ラウンド
小宮正安　二〇〇七　「Monthly Critique 音楽論壇（三）ドコがヘンだよ？ 蝶々夫人！――「オリエンタリズム」と「日本の美」の狭間で」『レコード芸術』五六（三）六六―六九頁

嶋田直哉　二〇一〇「研究ノート『蝶々夫人』におけるオリエンタリズムとジェンダー——二〇〇〇年前後の「読み」を中心に」『イメージ&ジェンダー——イメージ&ジェンダー研究会機関誌 = Image & gender : ig』（一〇）八一—八八頁

清水千代太他　一九五五「「蝶々夫人」とイタリヤ人気質座談会」（原文ママ）『キネマ旬報』（一一六）五〇—五四頁

末延芳晴　一九九四「NYシティ・オペラ/F・コルサロ演出初演版〈蝶々夫人〉を聴いて〈ジャーコモ・プッチーニ没後七〇年〈特集〉〉」『音楽芸術』五二（二）二九—三四頁

——一九九四「NYシティ・オペラ初演版で〈蝶々夫人〉を演出したフランク・コルサロ氏に聞く〈ジャーコモ・プッチーニ没後七〇年〈特集〉〉」『音楽芸術』五二（二）三四—三九頁

永竹由幸　二〇〇九《DVD決定版オペラ名作鑑賞No.8 蝶々夫人》世界文化社

難波江和英・内田樹　二〇〇〇『現代思想のパフォーマンス』松柏社

バークガフニ・ブライアン　二〇〇〇『蝶々夫人を探して』かもがわ出版

三島由紀夫　一九七四［一九四八］「蝶々」『三島由紀夫全集第二巻』新潮社

三浦国彦　一九八一「考察　オペラと日本人——カルメン・椿姫・蝶々夫人にみる」『福岡教育大学紀要　第五分冊芸術・保健体育・家政科編』（三一）一五—二五頁

森岡美穂　二〇〇三「第三章プッチーニ《蝶々夫人》における「日本」の政治的表象とジェンダー」、氏家幹人・桜井由幾・谷本雅之・長野ひろ子編『日本近代国家の成立とジェンダー』柏書房

Arblaster, Anthony, 1992, Viva la libertà! : politics in opera, London.（=二〇〇一　田中治男・西崎文子訳『ビバ・リベルタ!オペラの中の政治』法政大学出版局）

Daily Telegraph, 2007, Feb.14（二〇一六年三月二〇日取得）

Groos, Arthur, 1994, Lieutenant F. B. Pinkerton: Problems in the Genesis and Performance of Madama Butterfly,

Weaver, William and Puccini, Simonetta eds., 1994, The Puccini companion, W W Norton & Co Inc., New York.（＝アルトゥーロ・グロース　二〇〇四「海軍大尉F・B・ピンカートン…《蝶々夫人》制作過程と公演の諸問題」大平光雄訳『評伝プッチーニ　その作品・人・時代』音楽之友社　一七二―二〇〇頁）

読書案内

① 小川さくえ　二〇〇七『オリエンタリズムとジェンダー――「蝶々夫人」の系譜』法政大学出版局

オリエンタリズムやジェンダーという概念を用いて、オペラ『蝶々夫人』の歴史的、政治的背景を読み解いている。文化研究のテーマとして絵画やオペラ、バレエなどを論じる研究書。

② 川田順三　二〇〇四『人類学的認識論のために』岩波書店

異文化と向き合う際に必要な「理解の枠組み」を問う書。西アフリカやイスラム、そして日本近代の文化など幅広いテーマを扱っており、文化人類学だけでなく、グローバル化する現代の諸問題を論じている。

③ エドワード・E・サイード　一九九三『オリエンタリズム』（上・下巻）平凡社（初版は一九七八年、Pantheon Books、アメリカ）

東洋（オリエント）とは、西洋（オクシデント）の内側から構築された思考様式と論じ、異文化研究とともに思想研究における現代の古典。難解な文章ではないので、繰り返し読んで意味を理解するような読書方を勧めたい。

第五章　学生とともに考えるメディアのグローバル化
インドネシアにおけるＪＫＴ48の人気

小池誠

1　メディアのグローバル化

筆者が担当する講義科目の一つである「世界のメディア」は、おもに「メディアのグローバル化」をテーマに取り上げている。全三〇回の講義のなかで取り上げるテーマは、日本の海外取材番組における異文化の表象と、アメリカ映画に描かれた日本、インドとインドネシアの映画、インドネシアの音楽があり、それ以外にも、日本のマンガ・アニメの世界的な人気からハロウィーンやクリスマスというイベントのグローバル化まで幅広い題材を対象にしている。そのなかから本章で取り上げるのは現代インドネシア社会におけるＫ－ＰＯＰとＪ－ＰＯＰの競合状況である。日本のトップ・アイドルグループといえるＡＫＢ48の妹分としてインドネシアの首都ジャカルタで結成されたＪＫＴ48に焦点を当て、インドネシアにおけるメディアのグローバル化の一端、すなわちグローバル化と同時進行するローカル化のプロセスを明らかにしたい。

メディアのグローバル化の問題は、現代のグローバリゼーション（globalization）を考える上で重要な課題の一つである。グローバリゼーションとは、地球（globe）規模の、国境を越えたヒト・モノ・カネ・情報などの移動を指す言葉である。グローバルな資本主義による単一文化の創出を含意する「文化帝国主義」と呼べる側面を重視する研究では、メディアのグローバル化を十分に理解することはできない（トムリンソン　二〇〇〇）。このようにグローバリゼーションが「単一性」だけを意味するのではなく、単一化の方向に向かおうとするグローバル化と、個々の地域の特殊性が現れるローカル化との関係が重要である。グローバリゼーションは単に画一化・均質化のみをもたらすのではなく、それと正反対の力の向き、すなわち多様化をもたらすと筆者は考えている。さらに、グローバル化とローカル化の双方が相互に影響し合う原理として併存するというグローカリゼーション（glocalization）という概念は、本章で取り上げるインドネシアにおけるＪＫＴ48の人気を考える上で重要なキーワードである。[1]

本稿はメディアのグローバル化とローカル化という観点からインドネシアにおけるＪＫＴ48の人気の広がりを解明するだけでなく、この問題をいかに大学教育のなかで取り上げ、学生とともに考えていくべきかという課題も合わせて考えたい。このため、二〇一一年度以降のＪＫＴ48に関する「世界のメディア」の授業の概要を説明した上で、授業でＪＫＴ48について学んだ学生が書いたコメントの内容を紹介し、メディアのグローバル化とローカル化の問題をどのように受講生が捉えたか明らかにしたい。

2　インドネシアにおけるメディアのグローバル化

インドネシアの経済発展

メディアのグローバル化の説明に入る前に、その社会的・経済的背景となるインドネシアの現況を紹介しよう。インドネシアは人口が二億六〇五八万人（二〇一七年七月推計値）で、世界第四位の人口大国である。とくに人口構成の若さが特徴であり、中央値年齢は三〇・二歳（二〇一七年推定値）となっている。[2] 日本の中央値年齢が四七・三歳であるのと比べると、インドネシア国民が全体としてかなり若いことは明白である。それと関係して、経済成長に必要な人口ボーナス期間（総人口に対する生産年齢人口比率の上昇）が一九七〇年代から二〇三〇年頃まで続く見通しで、今後も経済成長が続くと期待されている（佐藤　二〇一一、三五―三六）。経済発展の結果、国民全体に占める貧困層の割合が減少し、中間層と呼ばれる人たちが増加した。中間層の定義はいくつかあるが、ここでは佐藤百合（二〇一一、四一―四五）に従い、一日一人当たり支出二ドルから二〇ドルを中間層とみなす世界銀行の推計を紹介しよう。インドネシアにおける中間層の総人口比は、二〇〇三年の三八％から二〇一〇年には五七％、つまり一億三四二二万人にも増加している。

これまで紹介したようなインドネシアの経済成長は、インターネット利用者数の増加からも明らかになる。二〇一七年末には一億四三二六万人に達し、二〇〇〇年と比べて七一・六倍にも増えている。[3] また、インドネシアではフェイスブック（Facebook）の人気が高いことが知られている。パソコンではなく、スマート・フォンを使ってフェイスブックにアクセスする人が多い。フェイスブックの利用者数は二〇一三年五月の四七九七万人（国民全体の十九・八％）から二〇一五年一月の五六〇〇万人（国民全体の二二・一五％）に増えている。[4] このようなインドネシア社会全体の変化が、現代インドネシアにおけるメディアのグローバル化と密接に関係している。

メディアのグローバル化

世界中の多くの国と同様に、インドネシアにおいてもハリウッド映画やポップスなどアメリカのポピュラー文化の影響がもっとも大きなことは誰もが否定できない。映画産業についてみていくと、一九九〇年代に入ってテレビの多チャンネル化が進むまで、映画が「娯楽の王様」であった。一九七〇年代後半から八〇年代にかけてインドネシア映画は毎年平均して約七〇本が製作され、映画は産業として成立していた。とはいえ、ジャカルタの中心部にある高級映画館ではハリウッド映画がおもに上映され、国産映画は場末の映画館でしか上映されなかった。この状況は現代まで続いている。映画館の最大手であるシネマ21チェーンで上映される映画のなかで、インドネシア映画は三分の一程度で、残りはほぼハリウッド映画が占めている。[5]

メディアのグローバル化を考える上で、ハリウッド映画に代表されるアメリカのエンターテインメント産業はインドネシアにおいても高い市場占有率を誇っている。それを踏まえた上で、本稿では日本と韓国からの影響に限定して議論を進めて行く。最初に取り上げるべきことは、日本のマンガ・アニメがインドネシア社会にもたらしたインパクトである。アニメ『ドラえもん』は一九九一年からインドネシアの民放RCTIで放送を開始した（白石　二〇一三、二三八―二四一）。その後、多くの日本の人気アニメがインドネシアの民放で放送され、テレビがある家族では日曜日の朝八時から子どもたちが日本のアニメを観るのが一般化した。インドネシアでは一九九〇年代以降、民放テレビの発展および普及と軌を一にして、日本のアニメが子どもたちの間に深く浸透していった。さらに、アニメの放送より少し遅れてインドネシア語に翻訳された日本のマンガが数多く出版され、マンガを読むというリテラシーをインドネシアの子どもが身に付けるようになった（白石　二〇一三、二五〇―二五五）。それぞれ年齢に応じて、好きな作品が『ドラえもん』だったり、『NARUTO』や『ONE PIECE』などと異なるが、日本のマンガ・アニメの人気は子どもから青年層までインドネシアに定着している。

日本のマンガ・アニメの人気と密接に関係しているのが、インドネシアにおけるコスプレ文化の広まりである。インドネシアでいつコスプレが始まったかについて定説はないが、一九九八年にピンキー・ル・スン（Pinky Lu

Xun）という華人系の女性が最初にコスプレを始めたと言われる。[6] 彼女自身は最初『三國無双』などゲームのキャラクターのコスプレをしていた。ただし、今日のコスプレイヤーの間では、『NARUTO』や『るろうに剣心』など日本のマンガ・アニメのキャラクターに扮する若者が多い。もちろんアメリカン・コミックのキャラクターに扮するコスプレイヤーもいるが、インドネシアのコスプレ文化のなかで、マンガ・アニメ・ゲームなど日本のポピュラー・カルチャーの占める割合の方が高い。ジャカルタを中心に、高校や大学（とくに日本語学科がある大学）では、日本文化関連イベントがよく実施されている。たとえば、インドネシア大学やブカシ国立第一技能高校で行われている。この高校のイベントはイノサイと呼ばれ、それは「一番の光文化祭」（Ichiban no hikari Bunkasai ＝ Inosai）の略称である。このようなイベントでコスプレは欠かせない出し物になっている。また、首都ジャカルタやバンドンなどの大都市だけでなく、インドネシア各州の都市部にまでコスプレのコミュニティ（komunitas cosplay）が形成されている。それぞれのコミュニティはフェイスブックにコスプレイヤーの写真をアップし、積極的に情報を発信している。ここでインドネシアにおけるグローバル化とメディアの歴史的な関係について整理すると、一九九〇年代以降の日本のアニメの人気が民放テレビの普及と不可分な関係にあったように、二〇〇〇年代以降のコスプレの広まりはフェイスブックなどインターネットの一般化に支えられている。

人気ドラマの移り変わり

インドネシアのテレビ局で放送されるドラマは多様なグローバル化が顕在する場として興味深い。もともとアメリカ製のアクション・ドラマがインドネシアでも人気だったが、一九九〇年から南米製のメロドラマ（Telenovela と呼ばれる）が女性視聴者の間で人気となった。日本のドラマとしては、『おしん』が一九八六年に

TVRI（インドネシア共和国テレビ）で放送され、大きな人気を博した。さらに一九九五年から『東京ラブストーリー』など日本製の若者向けテレビドラマ（トレンディドラマ）が民放で数多く放送され、若者の間で注目を浴びるようになった（小池　一九九八、二〇九―二一一）。

日本製ドラマの人気は長続きせず、二〇〇〇年代に入って放送されることはあっても、アジア・ドラマ（Drama Asia）と総称される台湾製ドラマと韓国製ドラマが人気となり、その陰に隠れて、あまり話題になることはなくなった。アジア・ドラマの口火を切ったのは台湾製ドラマ『流星花園（Meteor Garden）』[7]で、二〇〇一年にインドネシアの民放局 Indosiar で放送され、一二％の高視聴率（概算で約三〇〇万人が視聴）を獲得し、とくに若年層の女性を中心に大きな話題となった。これは神尾葉子原作の日本の少女マンガ『花より男子』が台湾でドラマ化され、インドネシアでも放送されるようになったものである。ただし、インドネシアの視聴者には、このドラマの原作が日本のマンガであることは知られてなく[8]、あくまでも台湾製ドラマの人気として受けとめられている。

ドラマの主人公であるＦ４という四人組の男性グループが、台湾や中国圏だけでなく、東南アジア各国でも大人気となった。とくに主役の道明寺司（ドラマでは Dao Ming Tse と呼ばれる）を演じる台湾の俳優、言承旭（ジェリー・イェン）が若い女性の憧れの対象となり、その人気は若い男性が彼のヘアースタイルを真似るほどであった（Ida 2008: 100-101）。『流星花園』は二〇〇二年に別の民放、Trans TV で再放送され、七・八％の視聴率を獲得し、この局の視聴率一位を記録した。『流星花園』が高視聴率だったため、続編の『流星花園２（Meteor Garden2）』と『流星雨（Meteor Rain）』が相次いで放送された。Ｆ４はドラマの世界だけでなく、現実の歌手としてもＣＤ『流星雨（Meteor Rain）』をリリースし、東アジアと東南アジア全体で四〇〇万枚の大ヒットを記録した。さらにF４は二〇〇三年一月にインドネシアでコンサートを行い、七万枚のチケットが売り切れた。チケットの値段は五〇ドル（当時の約一ヶ月分の給料）から二〇〇ドルまでで、インドネシアの物価から考えると、かなりの高額である。その後も、日本のマンガを原作とするドラマが台湾で制作され、それがヒットするパターンはさらに続き、たとえばF４の主演する台湾製ドラマ『來我家吧（Come to My Place）」（原作は原秀則の『部屋においでよ』）もインドネシアでヒットした。

台湾製ドラマの人気は二〇〇一〜二〇〇二年がピークで、その後、日本や東アジア・東南アジア諸国と同様に、韓国製ドラマ（Drama Korea）が圧倒的に人気となった。二〇〇二年に『秋の童話（Autumn in My Heart）』がヒット、続いて『冬のソナタ（Winter Sonata）』が大ヒットした。『冬のソナタ』に出演し歌手でもあるパク・ヨンハ（二〇一〇年に自死）が韓国の携帯電話会社がスポンサーとなったイベントで二〇〇三年にインドネシアを訪問し、大きな話題となった。多様な韓国製ドラマがインドネシアで放送されているが、そのなかには韓国版の『花より男子（Boys over Flowers）』（二〇〇九年制作）もある。韓国製ドラマの人気は今日も続き、数多くのドラマが放送されている。

ポピュラー音楽のグローバル化

ポピュラー音楽の世界では、五輪真弓の『心の友』が一九八〇年代からインドネシアでヒットして、国民的な人気を得た。現在では日本の四人組ロックバンドL'Arc~en~Cielが異例の知名度の高さを獲得している。L'Arc~en~Ciel は日本のバンドとして初めてジャカルタ（二〇一二年五月二日）でコンサートを開催した。これらのケースは日本側のプロモーションの成果ではまったくなく、いわばインドネシア人の琴線に触れて起きた例外的な現象である。個別の楽曲やバンドの人気ではなく、もっと幅広く考えると、J－POPというジャンルもインドネシアの若者の間で一定の人気がある。これは、浜崎あゆみのような女性歌手からSMAPのようなジャニーズ系男性グループまでを含む、幅広いタイプの日本のポピュラー音楽を指す言葉である（L'Arc~en~Cielなどは J－ROCKと呼ばれる）。J－POPの影響を受け、日本の楽曲のカバーなども歌うZiviliaやikkubaruなどインドネシア人のバンドも存在している。

テレビドラマの場合と同様に、J－POPよりも韓国のK－POPのほうがはるかにインドネシアでは人気になり、興行的に成功している。Google Trendsで二〇〇四年以降の人気度を調べてみると、[9]二〇〇四年から二〇〇八年末まではJ－POPがK－POPを上回り、二〇〇九年はほぼ同じレベルだったが、二〇一〇年二月以降はずっとK－POPがJ－POPを上回っている。日本でK－POPのグループがテレビ番組を賑わすようになったのは、KARAと少女時代が二〇一〇年八月に日本デビューを果たして以来である。それ以前にも、東方神起など韓国の男性グループがデビューしていたが、この二つの女性グループが若年層の女性を中心にK－POPのブームを引き起こした。

一方、インドネシアではすでに取り上げた韓国製ドラマで使用される挿入歌を聞いて、韓国のポピュラー音楽に興味をもつ人が増えていった。[10]二〇一二年には、K－POPの人気歌手の大規模なコンサートがジャカルタで次々と開催され、数多くの聴衆を集めた。インドネシアでは男性グループとしてもっとも人気のあるSUPER JUNIORのコンサートが二〇一二年四月にジャカルタで開催され、さらに九月には女性グループとして圧倒的な人気を誇る少女時代（インドネシアではGirls' GenerationまたはSNSDとして知られる）も含めSMエンターテインメントという韓国を代表する音楽事務所の歌手が参加したSMTOWN Live World Tour IIIがジャカルタのスタジアムで開かれ、約五万人を動員した。さらに男性グループBIGBANGのコンサートも同年十月十二、十三日に開催された。このチケットが日本円にして約五五〇〇円〜二万円という価格帯なのは、インドネシア人の物価感覚からすればかなり高額である。それが実際に売れるのは、インドネシアにおける経済発展の証しといえる。インドネシアの音楽産業全体において海賊版CDが横行し、また音楽のデジタル化が進み、正規の音楽CDが売れなくなったなか、K－POPは多くの観客を動員するコンサートという形で大きな収益を上げている。

K－POPの人気は、韓国風のインドネシア人グループが出現していることからも明らかである。たとえば二〇一〇年にSM*SH（韓国にはSM☆SHという男性グループが実在し、読み方はともにスマッシュ）という七人組男性グループが、さらに二〇一一年にはHitz（三人組男性グループで、その一人は韓国人）がデビューした。また韓国企業サムスンがスポンサーとなってアイドル発掘番組（Galaxy Superstar）が二〇一二年にインドネシアの民放局Indosiarで始まった。このコンテストに出場した六人のインドネシア女性が韓国で歌とダンスのレッスンを受けて、S.O.Sというグループを結成し、デビューした。インドネシアの音楽業界全体で、インドネシア人自身の音楽は別として、このようにK－POPはアメリカのポピュラー音楽に次ぐ大きな地位を占めるようになっている。

3　日本発のインドネシア人アイドル・グループJKT48

JKT48の誕生と発展

すでに説明したK－POPとはまったく違った形で、現在のインドネシアの音楽界で一定の人気を占めるようになったのは、AKB48で大成功を収めた秋元康がインドネシアのジャカルタで始めたJKT48プロジェクトである。日本発のコンセプトとインドネシア人の歌手を組み合わせたグローカル化の成功例といえる。K－POPとAKB48の違いについて、秋元はあるテレビ番組で次のように語っている。「K－POPがプロ野球だとしたら、AKB48はその前の少年野球かもしれないし、高校野球かもしれない」[11]という発言は、「スパルタ式アイドル育成システム」（君塚 二〇一二）を経て完成した形でデビューするK－POPの歌手と、ファンがアイドルを「育てる」というコンセプトで成功を収めたAKB48との違いを端的に言い表している。AKB48というアイドル作りのフォーマットを、日本で人気を得ているような女性アイドル・グループがほとんど存在しなかったインドネシアに適用して、インドネシアの女の子によるアイドル・グループを最初から作り上げようという、ある意味で冒険的な企画であった。このプロジェクトは電通がバックアップして進められた。

JKT48の小史をまとめてみよう（小池 二〇一五参照）。二〇一一年十一月二日に、オーディションに参加したインドネシア女性の中から第一期生二八人が選出された（一人は日本人駐在員を父にもつ野澤玲奈）。AKB48の楽曲を歌詞だけインドネシア語で歌うが、ダンスの振付やステージの進め方はAKB48とまったく同様にできるようにと、第一期生の二八人は厳しいレッスンを受けた。二〇一二年十一月一日にはAKB48から高城亜樹と仲川遥香[12]が移籍して、インドネシア人と日本人の混成グループという構成になった。

本家のAKB48が秋葉原の専用劇場でライブを行い、ファンとの距離の近さを売りにしてファンの数を増やしたように、二〇一二年九月八日に専用劇場JKT48シアターが、ジャカルタ中心部を南北に走るスディルマン通りに面するショッピング・モール（fX Sudirman）の4階にオープンした。劇場公演のチケットの購入はすべてJKT48の公式ウェッブ・サイト[13]を通して申し込むことになっている。サイトは日本語版とインドネシア語版が作成されているが、サイトの構成は日本のＡＫＢ48とほぼ同じ作りになっている。
ＪＫＴ48は、二〇一三年前半までは専用劇場に集まったファンを相手にステージを見せ、またジャカルタやその周辺で実施されたイベントに参加するのがおもな活動であった。一方、二〇一一年以降、大塚製薬（「ヘビー・ローテーション」を使ったポカリスエットのＣＭ）や楽天、ヤマハ、ローソンなど日系企業のテレビＣＭに起用され、さらに主要なテレビ局の音楽関係の番組に出演するなど、ＪＫＴ48はメディアへの露出の機会を増やしていった。そのなかでＪＫＴ48が地方に活動範囲を広げる第一歩となったのが、二〇一三年六月に四つの地方都市で開催された「ＪＫＴ48、私たちの名前を紹介させて（Perkenalkan Nama Kami JKT48）」と題されたコンサートである。最初は、二〇一三年六月二三日に南スラウェシ州の州都マカッサル（Makassar）で開催された。午後四時からコンサートが開かれ、さらに午後八時から「握手会」（Meet & Greet）も行われた。コンサートのチケットは十五万ルピア（約一五〇〇円）と二〇万ルピア（約二〇〇〇円）であった。

ＪＫＴ48にみられるグローバル化とローカル化

地方コンサートの動画がYou Tubeにアップされていて、その模様を知ることができる。筆者がそれを観て、もっとも興味を惹かれたのは、ＪＫＴ48のパフォーマンスそのものではなく、観客が手にもつサイリウムが会場内に無数に光っている光景であり、さらに会場に集まったファン達がコンサートの進行に合わせて発する掛け声であった。コンサートにおけるファンの掛け声は、インドネシア人の新聞記者にとっても興味深いことであったのだろう。二〇一三年六月二四日付のマカッサルの地方新聞『ファジャール』（Fajar）は記事の中で次のように伝えている。「イェイイェという掛け声がＪＫＴ48というアイドル・グループの到着を彩っていた。空港から、レストラン、さらにはコンサートが始まるまで、午後一時から三時まで並んで待っていたファンの間から［コンサート開始は午後四時］イェイェという掛け声が確かに聞こえていた。」さらに、新聞記事は「Aaaa Yossha Ikuzo! Tiger（Taiga と読む）、Fire（Faiya と読む）、Cyber（Saiba と読む）、Fiber（Faiba と読む）、Diver（Daiba と読む）、Viber（Baiba と読む）、Jya Jya！」と掛け声の詳細を報じている（英語の後のカッコ内の表記はインドネシア人の記者が書いた日本人風の読み方を示している）。

ここで取り上げられている掛け声は、ＡＫＢ48ファンの間でミックス（ＭＩＸ）として知られているものである。「よっしゃいくぞ～！」という「ＭＩＸ号令発動」から始まって、フルスタンダードのミックスが「タイガー、ファイヤー、サイバー、ファイバー、ダイバー、バイバー、ジャージャー」と続くのである。[14] いわゆる「ヲタ芸」（ヲタクの芸）と呼ばれるものの一つである。問題は、ミックスに象徴されるような日本のＡＫＢ48ファンがライブ会場で実践している声援スタイルが、どのようにしてインドネシアの地方に住むＪＫＴ48ファンに伝わったかということである。インドネシア人のファンがインターネット上で得た情報や You Tube などにアップされた動画から、日本的声援スタイルも模倣したと考えるのが妥当だろう。インドネシア人ファンのフェイスブックなどにミックスのやり方が紹介されている。一例を挙げれば、「インドネシアのＪＫＴ48のファン（Fans JKT48 Indonesia）」というフェイスブックには「ミン・Rn とともに掛け声ミックスを学ぶ（Belajar Chant Mix With Min Rn）」という記事（二〇一三年五月二八日）が掲載されていて、上記のような掛け声の詳細がインドネシア語で取り上げられている。[15]

ＡＫＢ48の妹分ともいえるＪＫＴ48がインドネシア社会に定着していくプロセスをみていくと、グローバル化とローカル化の両方を認めることができる。日本から発信されたアイドル・グループというポピュラー・カルチャーの一つのフォーマットが国境を超えて広がるグローバル化であり、さらにはインドネシアの社会と文化に合わせたローカル化でもあり、その二つが同時進行するグローカリゼーション（glocalization）の一つの例と考えることができる。グローカリゼーションのプロセスは、ＪＫＴ48をプロデュースする側と、ＪＫＴ48を観に来るファンの側の双方に存在する。プロデュースする側については、日本のＡＫＢ48をフォーマットとするアイドル・グループＪＫＴ48をインドネシアの女の子をメンバーに選んで結成し、ＡＫＢ48の曲をインドネシア語で歌わせ、さらにＡＫＢ48と同様に、活躍の場となる劇場を作り、そのプロモーションのために不可欠なメディアとなるサイトを開設している。一方、ファンの側では、ネットを通して知った掛け声（ＭＩＸ）も含めた日本的声援スタイルを、インターネット上でインドネシア人ファンの間に拡散させ、そしてインドネシア人ファンがＪＫＴ48のコンサート会場でそれを見事に実践しているのである。インドネシアの経済発展とともに進んだインターネット環境の整備が、まさにＪＫＴ48の人気拡大の背景にある。

ＪＫＴ48のメンバーは、原則としてＡＫＢ48の曲を歌詞だけインドネシア語に変え、そのまま同じアレンジと振付で歌い踊ってきたが、インドネシア人の間に人気が出て行く過程で、別の形のローカル化が現れてきた。それはＪＫＴ48のメンバーがインドネシア独自の音楽ジャンルであるダンドゥットを取り入れて歌ったことである。二〇一四年のDahsyatというインドネシアのテレビ番組で、ＪＫＴ48の一人センディ（Sendy）がＡＫＢ48のヒット曲「恋するフォーチュンクッキー」をダンドゥット風に歌って、観客から受けていた。[16] ダンドゥットは十九世紀末にマレー人の間で生まれたムラユ音楽をもとにして、インドの映画音楽と欧米のロックの影響が混じり合って、一九七〇年代以降に誕生したインドネシア独特の混成音楽である（田子内　二〇一二参照）。ダンドゥットの特徴は、こぶしを効かせた独特な歌い方だけでなく、ゴヤン（goyang）という女性歌手のセクシーな踊りが不可欠になっていることである。この点で、ダンドゥットは若い人が好む洒落た音楽ではなく、下品で田舎者の音楽（musik kampungan）という評価が一般的に定着している。そういう意味でインドネシア的な要素が濃厚なダンドゥットをパフォーマンスのなかに取り込むことは、ＪＫＴ48のインドネシア化（ローカル化）のプロセスをさらに一歩先に進ませたということができる。

4　授業実践から考えるＪＫＴ48

「世界のメディア」という授業で取り上げたＪＫＴ48の活動とその人気に対する受講生が書いたコメントの内容の一部を紹介し、メディアのグローバル化というテーマについて、受講生がどのように受けとめたか考えていきたい。ＪＫＴ48を授業で初めて取り上げたのは、二〇一一年十一月二八日の「Ｋ－ＰＯＰブームと日本進出戦略」と題する授業であった。この授業はＫ－ＰＯＰを中心に取り上げ、「インドネシアのＫ－ＰＯＰとＡＫＢ48」で「今年インドネシアで始まったＪＫＴ48プロジェクト→ＡＫＢ48の知名度は低いので成功は？」と配布資料に書き、十一月二日に第一期生二八人が選出されたばかりの最新の動きを紹介しただけだった。ＪＫＴ48に関する授業は、インドネシアでの展開を確認しながら、毎年、取り上げる内容が変わってきた。

二〇一二年の授業では、「インドネシアにおけるＫ－ＰＯＰとＪ－ＰＯＰ：ＪＫＴ48の結成」と題し、講義の目的として「近年、経済成長が顕著なインドネシアの音楽市場で、韓国と日本のポピュラー音楽がどのように受容されているか、理解する。またＡＫＢ48の妹分として結成されたＪＫＴ48の人気が今後どうなるか考える」と配布資料の冒頭に書き、前年と比べて、大塚製薬のテレビＣＭの動画（You Tube）を紹介するなど、より詳しく

ＪＫＴ48の活動を紹介した。「インドネシアにおけるＫ－ＰＯＰとＪ－ＰＯＰの浸透度から考えて、ＪＫＴ48は今後どうなるか？」という課題に対して、次のような回答[17]があった（評価すべき回答の内容を抜粋し次回の授業で配布する資料に記載している）。

「ＡＫＢ、ＮＭＢは『ファンが育てるアイドル』をコンセプトとしている。小さいライブハウスで距離感を近くし、根強いファンをつけることが目的である。一方で、現代インドネシアで評価されているＫ－ＰＯＰのアーティストは素晴らしい容姿や、パフォーマンスが魅力であり、L'Arc~en~Ciel も毛色こそ違うものの、共に評価すべき所は同じである。ＡＫＢ48とその妹分ユニットはともに日本という独特な文化的な感性に働きかけるように組み立てられているため、それがインドネシアという国の文化に通じるかは、日本とインドネシアの国民性の共通点に依存すると私は思う」［四年生］（右線部筆者）。

このコメントに対し、筆者は資料の中で、「完璧な回答！　個人的には、ＡＫＢ的なやり方はインドネシアで受け入れられず（国土の面積と人口が日本とインドネシアではまったく違う）、下に紹介するようなテレビ露出戦略のほうが成功する確率が高いと思う。今は予測だが、答えは来年の授業で明らかにできる」と書き、インドネシアの音楽番組にＪＫＴ48が出始めていることを紹介した。授業担当者である筆者の懐疑的な見込みを反映し、小さな劇場から人気を高めていったＡＫＢ48の戦略は、Ｋ－ＰＯＰのより積極的な海外進出戦略に比べて「甘い」と感じる受講生が多かった。

すでに前節で説明しているように、二〇一三年に入ってＪＫＴ48は筆者の当初の見込みを超えてインドネシア社会に受け入れられ、インドネシア人ファンの数も増えていった。それを受けて、二〇一三年度の授業では前年度までと違い、「インドネシアにおける日本のポップ・カルチャー：ＪＫＴ48の人気」と題して、一回の授業全体を使ってＪＫＴ48の小史とインドネシアにおける人気の状況を受講者に伝えた。地方でのコンサートの様子をYou Tube の動画を使って示して、ファンたちの掛け声（ＭＩＸ）の様子を実際に見せた。「ファン達が言っていたＭＩＸは日本語のままだった（超絶カワイイ etc.）」［三年生］という回答のように、インドネシア人の発するＭＩＸに驚いたようだった。また、受講生のなかには、ＪＫＴ48のスタッフがインドネシア人に教えて、掛け声をかけさせているのかと疑問を抱く者もいた。筆者は、ファンがYou Tube などネットを通して自発的に覚え、会場で実践していると説明した。

さらに「Ｋ－ＰＯＰと比べて、ＪＫＴ48の現地化戦略の特徴は何か？」という課題に対して、次のように回答する学生がいた。

「Ｋ－ＰＯＰはその人気アイドル自身がその国の特色に合わせて、その国に受け入れやすいスタイルで売り出しているのに対し、ＪＫＴ48はその国、つまりインドネシア人の女の子を使って、よりその国の国民たちが親しみを持ち、気軽に応援できるようなスタイルをとっている」［三年生］。

「ＪＫＴ48では、日本のグループがインドネシア語で歌うのではなく、現地で新しいグループを作り、ＡＫＢ48の歌のインドネシア語 Ver. を売り出すということが大きな違いだと考える」［二年生］。

この二人のコメントのように一部の学生はＪＫＴ48のローカル化戦略の重要なポイントを捉えている。

さらに受講生自身が、ＡＫＢ48のイベントからの類推で、「じゃんけん大会」と「総選挙」がＪＫＴ48でも行われているのかという質問を寄せた。「総選挙」は「ＪＫＴ48の六枚目のシングル参加メンバー選挙（Pemilihan Member Single ke-6 JKT48）」という名称で二〇一四年から実施され、日本と同様にインドネシアのテレビで放送されている。「じゃんけん大会」もJKT48 JANKEN SENBATSUという表記で、インドネシアでも実施されている。

二〇一四年度以降は、ＪＫＴ48については二〇一三年度とほぼ同じ内容の授業を実施している。二〇一五年度の授業では、次のような回答があった。

「現地からメンバーを選んだり、歌をインドネシア語で唄うことによってローカルなファンを獲得できます。また日本企業とのコラボＣＭで宣伝効果を強めることでファン層にボリュームがでます」［四年生］。

「日本のアイドルＡＫＢと同じで、Ｋ－ＰＯＰのように完璧な状態から売り出すのではなく、ファンが育てるというスタイルをとっている」［四年生］。

このように、前年度までの授業と比べてＪＫＴ48のローカル化戦略の要点を理解している受講生が増えてきたことは明らかである。

ただし、「ＪＫＴのファンの人達はもともとＡＫＢ48のファンで、インドネシアにＡＫＢ48グループができたのでファンになった人達が多いと思います」［四年生］と書いているように、日本のＡＫＢ48が二〇一一年以前からインドネシアで人気だったと勘違いしている受講生もいた。やはり、授業実践において授業担当者が意図するメッセージがかならずしも受講者全員に届いていないということも留意すべきである。

5　おわりに

日本のメディアのグローバル化とローカル化という概念や、その舞台となるインドネシアは、受講生にとってけっして身近なものではなく、かなり遠い存在といえる。それを少しでも身近な概念として理解してもらうためには、受講生全員が知っていて近しい存在であるＡＫＢ48の妹分としてインドネシアで新たに結成されたＪＫＴ48は最適の教材であると考える。今回紹介したのは、あくまで一部の、授業をきちんと聴いている受講生のコメントであるが、受講生なりの言葉づかいでＪＫＴ48についてしっかりと書いている。毎年、受講者のコメントを読んでいくと、授業する側の意図をしっかりと受け止めてくれる学生がいることを知ることができる。当然、教える側がＪＫＴ48というプロジェクトに懐疑的であれば、授業を聴く側もＪＫＴ48の将来性に悲観的なコメントを書くようになる。

本稿をまとめるため、あらためて二〇一一年度以降に筆者が用意してきた「世界のメディア」の配布資料と、授業を聴いた学生のコメントを読んでいくと、ＪＫＴ48というアイドル・グループの変化とその人気の広がりを対象に選んだことの厄介さ（毎年、ＪＫＴ48の新しい動きをチェックする必要がある）と同時に、学生とともに学び考えることができる面白さの両方を感じることができた。

注

1 Coca-colonization や McDonaldization、McDisneyization などの語は、「文化帝国主義」という立場をとる研究者が考え出した造語である（トムリンソン　二〇〇〇）。

2 人口と人口中央値（median age）は次のサイトに依拠している。https://www.cia.gov/library/publications/the-world-factbook/geos/id.html（二〇一八年三月二五日最終確認）

3 世界のインターネット利用者数については次のサイトに依拠している。http://www.internetworldstats.com/top20.htm（二〇一八年三月二五日最終確認）

4 フェイスブック利用者数については次のサイトに依拠している。http://www.auncon.co.jp/corporate/2013/0605.html および https://www.auncon.co.jp/corporate/2015/0114.html（二〇一七年六月六日最終確認）なお、二〇一四年九月に六八〇〇万人でピークに達し、二〇一五年以降は減少している。これは世界的なフェイスブック離れと関係している。

5 jadwal21.com（二〇一七年五月七日最終確認）

6 インドネシアのコスプレ文化については、桃山学院大学文学研究科で筆者が指導したインドネシア人留学生 Winda Suci Pratiwi が執筆した修士論文［Pratiwi 2016］を参考にしている。

7 インドネシアで、韓国ドラマは英語のタイトルで放送される。同様に日本や台湾などのテレビドラマも英語タイトルが使用される。

8 Ida（二〇〇八）は、インドネシアにおける『流星花園』の人気について論じているが、原作についてはまったく言及していない。

9 https://trends.google.co.jp/trends/explore?date=all&geo=ID&q=jpop.kpop（二〇一七年六月十一日最終確認）Google Trends では、検索対象とする国を選び、複数の検索ワードを入れると、二〇〇四年以降の「人気度の動向」を調べることができる。

10 http://khansyaghina.blogspot.jp/2015/04/sejarah-k-pop-masuk-ke-indonesia.html（二〇一六年五月四日最終参照）
11 この番組自体は確認していない。「萌えニュース」（http://lole34.publog.jp/archives/38029326.html）に紹介されたものを参照している。この発言の趣旨はネット上で批判的に取り上げられている（たとえばhttp://plaza.rakuten.co.jp/da110011/diary/201202270000/　二〇一六年五月四日最終確認）。
12 高城亜樹は二〇一四年にＡＫＢ48へ完全移籍し、二〇一六年にはＡＫＢ48を卒業した。仲川遥香は二〇一六年にＪＫＴ48を卒業し、その後もインドネシアを中心にタレント活動を続けている。
13 http://jkt48.com/?lang=jp（二〇一六年五月四日最終確認）
14 一九九〇年代初頭にヘビメタ／ハードロック系のライブにおいてミックスが使われるようになり、その後、アイドルのライブにも広まったということである。
15 https://www.facebook.com/FansJKT48FC/posts/531622160228829（二〇一四年十二月九日最終確認）。
16 You Tube: Sendy JKT48 - Koisuru Fortune Cookies (Dangdut ver.) @ Dahsyat RCTI [14.09.08]（二〇一六年十月十四日最終確認）。
17 本稿では、句読点や漢字の誤りを訂正するだけで、基本的に受講生が書いた文章を原文のまま記載している。

参考文献

Heryanto, Ariel, 2008, Pop Culture and Competing Identities, in Heryanto, Ariel (ed.), *Popular Culture in Indonesia: Fluid Identities in Post-Authoritarian Politics*, Routledge.

Ida, Rachmah, 2008, Consuming Taiwanese Boys Culture: Watching *Meteor Garden* with Urban *Kampung* Women in Indonesia, in Heryanto, Ariel (ed.), *Popular Culture in Indonesia: Fluid Identities in Post-Authoritarian Politics*, Routledge.

君塚太　二〇一二『日韓音楽ビジネス比較論――Ｋ－ＰＯＰとＪ－ＰＯＰ本当の違い』アスペクト

小池誠　一九九八『インドネシア――島々に織りこまれた歴史と文化』三修社
――　二〇一五「インドネシアにおける日本的消費スタイルの浸透とJKT48」竹歳・大島編著『アジア共同体の構築をめぐって――アジアにおける協力と交流の可能性』芦書房
Pratiwi, Winda Suci　二〇一六『インドネシアにおけるコスプレ文化の誕生と発展』二〇一五年度桃山学院大学大学院文学研究科修士学位申請論文
佐藤百合　二〇一一『経済大国インドネシア――二一世紀の成長条件』中央公論新社
白石さや　二〇一三『グローバル化した日本のマンガとアニメ』学術出版会
田子内進　二〇一二『インドネシアのポピュラー音楽 ダンドゥットの歴史――模倣から創造へ』福村書店
トムリンソン、J　二〇〇〇『グローバリゼーション――文化帝国主義を超えて』青土社

読書案内

①　君塚太　二〇一二『日韓音楽ビジネス比較論――K-POPとJ-POP本当の違い』アスペクト
ブームの表層を追うのではなく、日韓の音楽文化をきちんと比較して、日本におけるK-POPブームの背景を明らかにしている。

②　トムリンソン、J　二〇〇〇『グローバリゼーション――文化帝国主義を超えて』青土社
メディアのグローバル化の問題を論じるうえで、理解しておかなければならない重要な視点を提示している。

第六章　ドキュメンタリー鯨絵巻
太地町の鯨・イルカ漁を巡る対立を越えて

鈴木隆史

1　「ドキュメンタリーをつくる、観る、読む」

私はメディア論の授業で「ドキュメンタリーをつくる、観る、読む」という授業を担当している。ドキュメンタリー映画の持つ魅力を学生たちに知ってほしいと思い、毎回私なりのテーマを設定して作品を紹介している。素晴らしい作品に出会うことで人生そのものが変わることだってある。

ただ、作品を上映するだけなら映画館や自宅でＤＶＤを見ればいい。一五回ないし三〇回の授業を通じて網羅的に作品を鑑賞することができるのだから、最初から意図的に上映作品を組み立てることにしている。私たちの生きる社会が直面している様々な問題と向き合い、乗り越えていくためには、考える力が必要である。ドキュメンタリー映画は、映像を通じて私たちに知識や情報を与えてくれるだけではなく、考える力をつけさせてくれる。例えば、紛争や戦争、差別、ジェンダー、人権、環境、政治、食べる、働く、命など多様なテーマを扱った作品を取り上げ、作品を理解し、さらに読み解くための手助けになるように資料や情報を提供することで、作品がより深く理解できる。また同じテーマを扱った別の作品を観て、感じ、考えることで、作品の新たな魅力が溢れ出し、新たなメッセージを生み出すこともある。

授業では、作品を読み解く作業を通じて自分が感じた共感、反感、違和感や疑問について、自分自身がなぜそう思うのか、なぜそう感じたのかを掘り下げてみる。そのうえで学生同士でその思いを共有・議論することで、作品の持つメッセージを超えた新たな発見や気づきが生まれることを期待している。

さらに授業では、同じテーマについて異なる監督が描いた作品を観ることで、監督のテーマへのアプローチの仕方や編集によって表現が異なり、最終的に作品となったものを観る私たちに異なる印象やメッセージを発することを学ぶ。そのために、比較的作品数が多い原発やエネルギー問題、戦争と紛争、介護、震災後の人びとの暮らしなどを扱った作品から何本か選び紹介してきた。すべて身近な社会・政治・環境問題で、私たちがこれまで体験し、これからも直面する可能性のある問題ばかりである。

本論は、和歌山県太地町で行なわれているイルカ漁（追込網漁）を扱ったドキュメンタリー作品数本を紹介し、それぞれの作品のテーマやメッセージを読み解き比較することで、再び浮かび上がってくる新たなテーマやメッセージを探し出すことを試みる。

太地町のクジラ（イルカ）漁[1]をめぐっては、反捕鯨を主張する団体の活動と、イルカ漁を続けようとする漁師たちとそれを支える人びととの間に激しい対立が生まれた。そのきっかけは《ザ・コーヴ》という一本のドキュメンタリー映画だった。この映画は、捕獲したイルカを銛で突き殺すシーンの隠し撮りと反捕鯨団体と元イルカ調教師リック・オバリーたちによるイルカ漁中止を求める過激な抗議活動と、それに反発する漁師たちの姿が映されている。この映画によって、太地町のイルカ漁は残酷で漁師たちは「非人間的」だという世界中からの非難と抗議のメッセージが漁協や町役場に殺到し、多くの活動家たちが町を訪れて抗議・妨害活動を行った。そのことで、太地町の漁師だけではなく人びとの暮らしは混乱した。

この「小さなクジラの町の大きな事件」は、日本でもメディア関係者の関心を集め、ニュース番組だけでなく、町で何が起きているのかを捉えたテレビ番組やドキュメンタリー映画が相次いで制作された。ＮＨＫは、同じ時期の撮影映像を用いて《クジラと生きる》と《鯨の町に生きる》という二本のドキュメンタリー作品を制作している。《ザ・コーヴ》公開後、ますます強まる反捕鯨団体の抗議行動に翻弄される漁師や家族の姿を描きながら「対立」の背景に迫っている。とくに《鯨の町に生きる》では、イルカ漁師の娘（中学生）の視点からこの「対立」の背景を客観的に捉え、未来への希望を見いだそうとする。また、二〇一六年公開の八木景子監督の《ビハインド・ザ・コーヴ——捕鯨問題の謎に迫る》は、日本の捕鯨と鯨食文化を守る立場から、映画に登場した日本の捕鯨関係者、海外の研究者、反捕鯨団体の活動家たちへのインタビューと様々な資料を用いた《ザ・コーヴ》への反証ドキュメンタリーである。さらに、佐々木芽生監督の《おクジラさま——ふたつの正義の物語》は、《ザ・コーヴ》公開後に翻弄されるイルカ漁師と町の人びとの「対立」の背景を、監督自らの柔軟な視点と人びととの暮らしに寄り添い、かつ太地町に暮らすアメリカ人ジャーナリストの視点をリンクさせながら、「対立」ではなく「共存」への道を探ろうと思索する。

これら五本の作品は、どれも太地町のクジラ漁について扱いながらも、それぞれに異なる内容とメッセージを持つ。それは、クジラ漁を捉える視点が異なるからに他ならない。同じものを見ても、自分が暮らしている時代、地域、環境、文化などによって見えかたも感じ方も異なる。そのことが映像の作り手にも見る側にも大きな影響を及ぼす。

また、映像は、監督が込めた明確なメッセージを持っていても、観る者にそれだけを伝えるわけではない。映像には監督が意図していなかったメッセージが映り込んでいることも多い。それが浮かび上がるのは、何度も見返したり、異なる作品を見ているときだったりする。時にそれらは、互いの欠点を補完しあうかのように反応し始め、対立ではなく互いの主張を受け入れるための「希望の光」を放ち始める。映画の中でしばしば描かれる「対立」や「排除」ではなく、「対話」と「相互理解」、「共存」と「共生」を生み出す可能性とその方法が見えてくる。これこそドキュメンタリー映画が持つ力と可能性でもある。では、太地鯨絵巻をひも解くことにしよう。

2　映画《ザ・コーヴ》の衝撃

イルカ殺しの瞬間

ドキュメンタリー映画《ザ・コーヴ》は、和歌山県の小さな港町太地（Taiji）の名前を世界に知らしめた。捕獲されたイルカ（ゴンドウクジラやハンドウイルカなどの小型鯨類）を漁師たちが銛で突き殺すシーンと血で真っ赤に染まった海の中で暴れるイルカの姿を映したシーンは、誰が見てもショッキングな映像だろう。隠し撮りされたこの映像は、太地町のイルカ追込網漁（公式には「鯨類追込網漁」というが本論では「イルカ漁」と呼ぶ）は「残酷」で、イルカやクジラなど鯨類を食べる日本人は「野蛮」だと世界中の人びとに印象づけた。さらに、ミンククジラを対象に行なわれている調査捕鯨を続ける日本への非難と抗議の声を高めることになった。[2]

また、カメラに向かって大声で詰め寄ってくる漁師の姿が画面に大きく写されるシーンは、映画を観た者に「なんとこの漁師は粗暴なんだろう」という印象を与える。顔にぼかしを入れられた漁師（日本公開版のみ）たちの行動は、活動家たちの「正しい」行動を妨害し、賢いイルカを殺す「悪人」というイメージを植え付ける。

映画《ザ・コーヴ》は二〇〇九年米アカデミー賞長編ドキュメンタリー賞を受賞したことで瞬く間に反捕鯨運動のシンボル的映画となった。人口わずか三五〇〇人ほどの小さな町に世界中からシーシェパードなど反捕鯨を訴える環境保護団体のメンバーが多数訪れるようになり、町のあちこちで住民との争いが起きた。[3] 静かな町は反捕鯨運動の前線基地となり、毎日のように活動家たちが撮った映像や文章がインターネットで世界中に発信されるようになった。

日本での公開は二〇一〇年だが、公開をめぐっては、太地町から上映中止を求める抗議の声があった他、その内容が反日的だとして一部の団体から上映反対運動が起き、上映を予定していた大学や映画館が中止を決めている。これに対して、映画監督、ジャーナリスト、研究者など表現に関わる人びとから上映を支持する運動が広がり、映画館での上映にこぎつけた。[4] しかし配給会社は映画に映った日本人の顔にぼかしを入れたり、映画の内容についてのコメントを挿入するなどの手を加えたことに、批判の声が上がった。国内版と海外版を見比べると、逆に顔が隠されたことで、なにか悪いことをしているかのような印象が強まったことは否めない。映画の内容を一方的に判断して、勝手に手を加えることはやってはならないことだ。表情が別のことを語ることもある。上映を可能にするための苦渋の決断だとしても、その結果、内容への先入観を植え付けてしまったように思う。

《ザ・コーヴ》の魅力と違和感

オリジナル版でこの映画を見たとき、私はその迫力に圧倒された。私が理解していたドキュメンタリー映画の「常識」を覆されたと言っても過言ではない。本来、捕鯨（イルカ漁を含む）というテーマを扱う場合、捕鯨に賛成・反対という対立する主張があることを前提に作品は作られるものだと思っていた。しかし、《ザ・コーヴ》は、最初から一貫して徹底的に反捕鯨のメッセージを欧米およびオーストラリアなどの反捕鯨派あるいはクジラ・イルカの保護に関心を持つ人びとに向けて制作されており、映画を観た人たちの中から反捕鯨やイルカ保護に関心を持ち、運動に積極的に関わる人を増やすことを目的としているように思える。

あらゆる手法を駆使して反捕鯨の主張を正当化するために映画は作られている。自分たちの主張を正当化するためにイルカの命を奪う決定的瞬間を狙う。そのためには手段を選ばない。しかも、できるだけセンセーショナルな方法をとる。一連のイルカ殺しの瞬間映像は計算尽くされたシナリオと演出のもとに撮影され、編集されている。相手を無理やり怒らせることも計算された演出の一つだと思われる。それゆえ、出来上がった映画は観る者を引きつける。観客はうまく計算された演出を信じ込み、イルカを殺してはいけないと思うようになる。反捕鯨派の人たちはもちろん、あまりイルカに関心のなかった人たちにも衝撃を与え、魅了する。授業での学生たちのコメントには、映画を観たあとの動揺や衝撃が記されている。[5]

作中の隠し撮りを成功させるまでの過程はスリリングでハラハラ・ドキドキさせられる。見回ってくる漁師に見つかるまいとする緊張感、湾内に入り込んで隠しカメラを崖と水中に設置し終えて車に乗り込むまでの暗視カメラによる映像は、ハリウッド映画さながらである。しかし、いま目の前に映し出されているのは現実の世界であり、考えられた演出と編集で緊張感溢れる瞬間を生み出す。[6] その背景には、監督の友人である特殊撮影のプロたちによる技術協力がある。隠しカメラを作る様子など撮影のための準備や膨大な機材を積み込む様子も撮影され、編集されている。すべてに計算された演出がある。

映画《ザ・コーヴ》は、イルカを殺すなという明確なメッセージを伝えるために、大きく二つのストーリーで構成されている。一つは前述の、漁師たちが入り江で捕獲したイルカを銛で突殺す決定的瞬間とそこに至るプロセスだ。もう一つは映画の主人公である元イルカ調教師リック・オバリーがなぜイルカ解放運動を行うようになったかという理由が、過去の映像と本人の証言を通して明かされる。また物語と平行して、シーシェパードなど活動家たちの過激な反捕鯨活動も描かれているが、イルカ漁の「残酷さ」によって、その運動と主張は何ら疑問を挟む余地を与えず正当化させる。これに対して次章で紹介するＮＨＫの作品では、漁師たちを挑発する活動家たちの姿が記録されていることからも、それが一方的な立場からの表現であることが分かる。

《ザ・コーヴ》ではさらに、反捕鯨運動を行う外国人活動家に対する攻撃的な住民のリアクションや、住民が制止、拒否している場所にあえて侵入するといった挑発行為、入り江に隠しカメラを設置して決定的な瞬間を撮影する。しかしこうした活動の在り方についてはは違法性も含めた議論もある。[7] また、日本政府がＩＷＣ（国際捕鯨委員会）で商業捕鯨再開賛成票を得るために、票を持つ途上国へＯＤＡ（水産無償）を供与していると批判する。それらの施設がほとんど利用されていない様子も映し出している。

このように、《ザ・コーヴ》は太地町のイルカ漁を批判することには成功したが、しかし、太地町の人びとの暮らしやクジラとの関わりについては一切扱っていない。映画としては魅力的だが、そこで描かれた「正義」の姿には同意できない。私がカメラを持って現場に向かえば、まず何よりもイルカ漁の話を漁師たちに聞くだろう。どうも私が感じる違和感は、選ばれたテーマとそのテーマへのアプローチの仕方にありそうだ。

違和感の正体

私はこの映画の隠し撮りの部分をドキドキしながら観た。しかし、途中から何かすっきりしないモヤモヤとした違和感が残り、頭の中が混乱し始めた。この一方的ともいえる「イルカを殺すな」＝「正義」の押し付けを受け入れられないでいた。

私自身は、食べるためにクジラやイルカを殺すことをかわいそうだとは思わない。私が研究で訪れたことのある東インドネシアのレンバタ島にあるラマレラ村では、古くからマッコウクジラを対象としたクジラ漁が行なわれており、モリ一本でクジラを狩る。銛を打ち込む瞬間の人間とクジラが命を賭けて向き合う姿に思わず興奮する。[8] 狩られたクジラは浜辺で解体され、肉は人びとに分配され、山の民や市場でトウモロコシなどと交換される。人びとの命を支える海の幸、それがクジラなのだ。また、パプアニューギニアのニューアイルランド島の村で行なわれているイルカ漁も、村人たちが生きるために行なわれている。浜に近づいたイルカの群れを村人総出で入り江に追込み、イルカを銛で突き殺し、解体し、調理し、食す姿が記録されている。[9] いずれの映像でもそこに映し出される人びとは、決して「残酷」な人びとではない。獲物を獲得した興奮と喜びの歓声、はじけるばかりの笑顔がそこに見られる。人間が生き延びるために命を奪う、その当たり前の姿がある。「クジラやイルカを殺すな」という主張は、こうしてクジラやイルカを殺して食べて生きている人たちの生き方や存在を否定しているのではないか。

《ザ・コーヴ》に対する違和感は、こうした自分たちとは違うクジラやイルカとのつき合い方をしている人びとの生き方や存在を否定する独善的な考え方にある。最初から、見ているもの、見ようとしているもの、知りたいと思うことが全く違うのだ。

すでに述べたように、《ザ・コーヴ》は、テーマ自体がイルカ漁（捕鯨）を行う漁師とそれに反対する（反捕鯨）活動家という対立を内包しているにも関わらず、反捕鯨側に特化し、その主張に全面的に同意して相手に勝つことを目的にあらゆる方法を駆使して作られた映画である。[10]

《ザ・コーヴ》からはイルカ漁師のことは何も見えてこない。太地町でクジラやイルカとともに生きてきた人たちへの興味、人間への興味が感じられない。まるでそれに触れれば自分たちの主張が崩れるかのようだ。彼らの主張はそれほど脆弱なのだろうか。「対話」から問題解決に向かうというプロセスは映画からは見えない。

また、インタビュー相手への配慮も明らかに不十分である。自分たちの主張に都合のよい言葉を相手からひき出すために、相手をだまし、相手の言葉を収録したのち、都合のいいようにカットして編集する。インタビューを受けた人びとが後で「騙された」と感じて抗議しても後の祭りだ。[11] もちろんこうした方法が有効な場合もあるだろう。権力を持つ国や企業を相手に告発する場合だ。日本政府や水産庁を相手にするならば理解はできるが、太地町のイルカ漁師たちは権力を持った相手ではない。果たして、自分たちの主張を正当化するために、弱い立場の漁師たちを吊るし上げるかのような映像を撮ることは許されるのだろうか。

通常、ドキュメンタリー映画を作るときには、撮影される相手との信頼関係が重要である。その信頼関係を築くために、監督やスタッフは現地に住み込んだり、言葉を学んだり、一緒に仕事をしたり、じっくり時間をかけて相手のことを知ろうとする。《ザ・コーヴ》の映画スタッフや活動家たちは、確かに長期間現地に滞在しているものの、住民たちとの信頼関係を築こうとする様子は全く見られない。イルカ漁師は彼らの敵であり、対話すべき相手ではない。私がこの作品に感じた違和感の正体は、この映像を作る時の基本的なスタンスにある。

また、この映画に登場する外国人と日本人との間には全く「対話」は生まれていない。通常の会話も一方的だ。彼らは英語で一方的にまくしたてる。両者の間には言葉の壁も立ちはだかる。外国人活動家たちは漁師たちに話しかけるのに通訳を介している様子はない。漁師たちや冒頭に登場する私服警官や町役場の関係者たちも、自分たちの要求や注意事項を彼らに正確に伝えることができない。同じ場所にいても両者は会話すらできない。活動家たちは罵詈雑言を漁師たちに一方的に浴びせかける。コミュニケーションを取るためのツールがなければ、お互いを理解するための「対話」なんて無理ではないか。捕鯨対反捕鯨を主張し合うＩＷＣ（国際捕鯨委員会）での議論と同じである。コミュニケーションの不成立のまま作られていることも違和感の一つの要因である。

3　ＥＴＶ特集《鯨の町に生きる》に見る漁師たちの矜持

ゴンドウが捕れた日

《ザ・コーヴ》が公開されたことで太地町が反捕鯨運動の拠点と化した一方、日本では《ザ・コーヴ》公開の翌年二〇一一年に、ＮＨＫスペシャル《クジラと生きる》（五月二二日放送）とＥＴＶ特集《鯨の町に生きる》（七月二四日放送）が相次いで放映された。これら二つの番組は同じ撮影映像を共有しながらも、異なる内容とメッセージを持つ。《クジラと生きる》は漁師たちの日常を中心に描きながら、シーシェパードらの活動に翻弄される人びとの姿と共に、これからもクジラと共に生きる漁師やその家族の覚悟が描かれる。一方、《鯨の町に生きる》は、漁師たちが反捕鯨の圧力に翻弄されながら漁を続けるべきかどうか葛藤する様子に、ある漁師の十四歳の娘の視点が加わる。彼女自身の語りがナレーションとなり、両親との会話や学校での友人らとの議論の映像が挿入されることで、番組に厚みと深みを持たせている。

いずれの番組も《ザ・コーヴ》とは真逆の側にカメラが据えて描かれている。漁師たちやその子どもたちに向けて撮影を始めた途端、見える風景はまったく異なり、同じ空間に別の物語が存在することを気づかせてくれる。撮る側が視点を変えるだけでこれほどまでに見える世界が変わることを教えてくれる。そして、《ザ・コーヴ》で感じた違和感が薄れていくのが分かった。

番組はまず、イルカ追い込み漁で捕獲されたマゴンドウ[12]の水揚げシーンから始まる。

「一年ぶりのマゴンドウ」
「これをみんなまっとったんや」
「大きいやろ」

テントの間から顔を覗かせカメラに向かって嬉しそうに語る漁師の顔は誇らしげである。港に戻る漁船が暗示するものは、「死」や「苦」を予感させる《ザ・コーヴ》とは異なり、「生」と「喜」が漂う。「イルカの視点」と「人間の視点」の違いでもある。

続いて、台所で生肉を生姜醤油につけて食べる男性が顔をほころばせて「おいし（い）」と一言もらす。こうした表情から「幸せ」という感情を読み取れるのは映像にしかできない。さらに、刺身、竜田揚げ、茹でた内臓などが並ぶ食卓が映し出され、子どもが竜田揚げを頬張る。成長した娘が子ども時代を振り返って、「遊びに来る時にいつもゴンドウの干物を持ってきた」「おやつにいつもゴンドウの干物を食べやったって」と友達が言っていたと語る。

何世代にもわたってクジラやイルカと共に生きてきた太地町の漁師たちは、クジラ（イルカ）漁師[13]としてクジラとイルカに向き合い、その命と向き合い続けてきた。自分たちの命をつなぐために奪われた命に感謝し、供養もする。クジラのおかげで家を建て、船を新造し、子どもたちを育ててきたという誇りがある。ところが町にやってきた外国人の活動家たちに「killer（殺し屋）」と言われ、ネットで世界中に顔写真が拡散されたことで、彼らの誇りが揺らぎ始めていた。カメラはその誇りと揺らぐ心に向き合う。

カメラが捉えた外国人活動家たちの過激な言動

《ザ・コーヴ》では怒りをむき出しにしてカメラに詰め寄る漁師の姿が映されていたが、逆にNHKのカメラには、シーシェパードなどの活動家たちの過激な言動がはっきりと映される。湾を望む道路脇で監視を続ける漁師たちに、シーシェパードのメンバーたちがデジタルカメラを向ける。「怖い怖い」と声をだしながら手で振り払おうとして場所を移動する漁師たちの後を活動家たちが執拗にビデオカメラを持って追いかける様子を、番組のカメラが追う。そのすぐ後ろを「死ね！」「殺し屋！」と言いながら歩き去る女性の姿も番組のカメラが捉えていた。これは明らかな挑発行為であり、言葉の暴力を感じさせる。しかし、まったく意表をつく、考えてもみなかった過激な行動で相手を非難する活動家たちの行動を正当化する論理が《ザ・コーヴ》には存在するのである（野村　二〇一三）。活動家たちの行動の背景にそうした論理があることは、NHK番組では紹介されない。

漁師たちは彼らの挑発に乗らない。乗ればすぐに写真に撮られて世界中にその様子がネット配信されるからだ。番組のカメラには必死に挑発に耐える漁師たちの姿が映されていた。この時点ではすでに衝突を警戒した警察も見回りを始めており、その警官の姿もカメラに写っていたが、活動家たちの行動を取り締まる様子は見られない。逮捕されるリスクがないと思っているのか、活動家たちは警官の前で余計に漁師たちを挑発しているようにも見える。これは活動家たちの行動そのものが計画的なネット向けの一つのパフォーマンスであり、写真を撮るための挑発であり、戦略ではないのかとも思える。それがたとえ彼らの戦略だとしても、活動家たちが漁師たちに向けるカメラは暴力であり、カメラは相手の心を傷つける武器だということが分かる。

《ザ・コーヴ》では、黒いTシャツを着た二人のシーシェパードのメンバーがビデオカメラを片手に、隠し撮りをするために柵を越えて崖に降りた場所で、入れないようにと漁網を張り巡らせる漁師たちに向かって、

「どうして隠すんだ？恥ずかしいからだろう。伝統や文化とか言って本当は誇りなんてないんだろう！」

「自分の子どもにもこの仕事をやらせるのか」

「惨めなやつらだ、負け犬め」

と英語で暴言を吐く。漁師たちには、語気から罵られていることは理解できてもその意味がわからない。カメラはその一部始終を見つめ、記録していた。辛くて悔しくて悲しくなる。観る者にとっては活動家たちに対する怒りが沸き上がってくる場面だ。活動家たちは漁師たちを「悪人」に仕立て上げたいのだが、それを逆からのカメラが捉えると、彼らの行為を冷静に客観視することができる。

カメラは暴力を振るう「武器」にもなれば、言葉で表せならない人間の表情や心情を映す「道具」にもなる。映像で表現をする者はそのことを自覚していなければならない。どこまでそのことに自覚的であり、結果に対しても責任をとる覚悟を持てるかが問われる。それはドキュメンタリーを作る上で忘れてはならないことだと私は思う。

シーシェパードが過激な行動をとることを正当化する理由について、番組の中でスコット氏が次のように語る。

「クジラやイルカは海の中で最も高等な生き物であり、海は今やひん死の状態です。そうした生き物を守らなければ、海を守ることもできません。私たちが向き合っているのは文化を持つ動物だということです。イルカやクジラは文化を持っているのです。言語を持ち、歴史があり、家族という意識もあります」というものだった。

4 「対立」するふたつの価値観を越えるために

映画《ビハインド・ザ・コーヴ》は何を描いたのか

二〇一六年に日本で公開された八木景子監督の映画《ビハインド・ザ・コーヴ》は、「クジラの竜田揚げが食べられなくなるのではないかと危機感を抱いた監督が、日本の捕鯨を激しく批判した《ザ・コーヴ》への反証映画として制作した」と語る。この映画は、元捕鯨船乗組員、IWC日本政府代表や元代表などの捕鯨推進派および鯨を食べている人びとへのインタビューと、様々な資料を用いて制作されている。また、アメリカで発見したとされる資料に基づいて、反捕鯨運動の背景にあるアメリカの圧力についても言及する。そこに捕鯨問題の「謎」があるとされる。

しかし、《ザ・コーヴ》が、太地町のイルカ漁によるイルカの生体・肉の売買や調査捕鯨などの捕鯨全体についても批判的に描いていることに対する反証を行なっていない。太地町の人びととクジラやイルカとの関わりについて充分な取材をせずに、「太地町を元の穏やかな町に戻したい」と願う。作品の中で、シーシェパードのリーダーであるスコットの娘が、太地町の人びととの意見交換会で「太地町をいい方向に持っていきたい」と語るのに対して、太地町の人びとは「自分たちの町のことは自分たちで決める」と反論する。これでは議論は平行線のまま何の解決にも向かわない。日本の捕鯨と鯨食文化を守る必要性を訴えるには、相手に充分な根拠を提示する必要がある。根拠なき感情的な反論は対立を助長する。反捕鯨に反対する「クジラ・ナショナリズム」を生み出し、ますます「対話」の可能性を自ら閉ざすことになる。そういう意味では残念ながら、「ビハインド・ザ・コーヴ」は対立する価値観の溝を埋めるどころか、反・反捕鯨の「プロパガンダ」映画とさえいえる。

イルカを殺してはだめですか

《ザ・コーヴ》と《鯨の町に生きる》の中で対立するのは、イルカと人間の関係をどう捉えているかであり、「イルカの命」との向き合い方の相違である。反捕鯨団体の主張は、イルカを殺してはならない、また見せ物として虐待することも許さないという激しいものである。その背景には動物には人間と同じ権利があるという考え方がある。この考え方は、『動物の解放』という著書を書いたオーストラリア人のピーター・シンガーの思想に基づいていると考えられる（シンガー　二〇一一）。もともとは人間が飼っている犬やネコなどのペットの権利や福祉から始まり、やがて家畜の屠殺方法や人間の娯楽のために動物を殺す闘牛や狩猟にもその思想は及び、クジラやイルカを食べるために殺すことも許されないという考え方に及ぶ。すでにアメリカやヨーロッパでは化粧品や医薬品開発のために動物実験を行なわないことは常識になりつつある。動物にも人間と同じく生きる権利があり、苦痛を与えて動物を殺傷することは非道徳的だとする考え方が、反捕鯨やイルカを解放する側の「正義」の根拠になっている。

しかし、この考え方は、日本ではペットには及ぶが、それ以外の家畜や野生動物にまでは浸透していない。そこには、生きるために他の動物の命を奪うというイルカ漁師たちの生き物の命への向き合い方と、決して殺してはならないとする活動家たちのイルカの命に対する考え方の対立がある。

人間が生きるために動物たちの命を奪うことを受け入れるかどうかという問いには二者択一の選択しかないのだろうか。両者が共存することはありえないのだろうか。

《鯨の町に生きる》にも出てきたように、「なぜクジラやイルカは殺してはだめで、牛や豚はいいのか」という問いに対して、「クジラやイルカは「賢い」とか「知能」がある」というだけでは納得できない。「賢い」という捉え方は相対的なもので、全ての動物には知恵があるということもできる。一方、動物の権利と福祉という観点では、動物たちの命を奪う場合、いかに苦痛を与えずに殺すかといった方法が開発されてきた。《ザ・コーヴ》に見られる、銛でイルカを何度も突き刺して殺すことは、イルカに多大な苦痛を与えていると捉えられるのである。イルカが「かわいそう」だという感覚は、漁師たちの側にも存在する。[14]こうしたふたつの異なる価値観は果たして「相互理解」できる性質のものなのだろうか。

次に《ザ・コーヴ》に登場したオバリー氏がイルカ解放に至るまでの話と、イルカ漁師の三好氏の葛藤を比較してみよう。

あるイルカ調教師の贖罪

《ザ・コーヴ》の主人公の一人、元イルカ調教師のリック・オバリーの「イルカの命」への向き合い方から考えてみよう（伴野　二〇一五、一五七）。

映画の冒頭で、反転された魚市場でマグロを扱うシーンや湾内の生簀でイルカが泳ぐシーンに続き、夜の町をマスクをして車を運転するオバリーが登場する。監督も同乗している。「太地くじら博物館は大嫌いな場所だ」「見つかれば殺されるだろう」といった発言が挿入され、私服の車による尾行シーンのあと、この映画の監督ルイ・シホヨスがこの映画を作ることになったきっかけをオバリーとの出会いだと説明する。

リック・オバリーは、かつて世界中で放映された人気テレビ番組「わんぱくフリッパー」のイルカ調教師であり、世界中で行なわれている水族館やシーワールドでのイルカショーの生みの親である。しかし、フリッパー役の一頭が自らの腕の中で自殺した（と彼は理解している）ことに大きな衝撃を受け、イルカ解放にすべてを捧げるようになる。映画のなかで語られるオバリーの感傷的な話や調教師時代のオバリーとフリッパーの回想写真を観た観客は、彼に同調し、彼がなぜここまでして太地町で活動を続けるのか、映画を作ることにしたのかを理解する。オバリーにとって反捕鯨活動＝イルカ解放運動は、自分のせいで亡くなったイルカたちへの贖罪なのだ。

イルカの命と向き合うある漁師

一方、「クジラの町に生きる」では、イルカ漁師の三好氏の思いが語られる。イルカの命と真剣に向き合う中での葛藤とは、なぜ自分はイルカの最後の瞬間を見せたくないのかということだった。おそらくイルカ漁師の誰もが悩んでいることである。イルカという生き物の命を奪って自分たちは生きてきたという自覚と、家族を養ってきたという自信と誇りを持ちながらも、彼はかつて絶命するゴンドウの目をみてイルカを捕ることを止めたことがあったという。決して楽しんでイルカの命を奪っているのではない。しかし、減少した収入で暮らしが苦しくなり、子どもたちが夢を諦めざるを得なかったことを後悔し、再びイルカ漁に戻る。そのおかげで一旦諦めかけた夢を実現しつつある娘が感謝の言葉を語るシーンがある。彼女もまた父親の苦悩を理解し、再び看護学校へ通わせてもらえたことをカメラの前で感謝している。

彼はイルカを殺すことに対する罪悪感を軽減させるために、イルカを殺した日には写経をするという。

「さらしものにするもんじゃない、イルカの死に際を。守って隠してあげるのが僕の役目」

と語り、自分たちが殺しているのは「イルカ」だという認識を示す。番組のナレーションではクジラという言葉を使うが、クジラかイルカかという言葉の使い方で受け取るイメージが異なるのは、捕鯨の歴史や今日の問題を語る上で重要である[15]人様に見せられないと語る背景には、自分たちが生きるために他の生き物の命を奪っていることへの罪悪感、しかしその一方ではそれを受け入れざるを得ない矛盾の中で生きているという葛藤が見える。イルカを殺すことを止めることで罪の意識は消えても、今度は暮らしを直撃する。クジラと共に生きてきた漁師たちにとって「外圧」が苦渋の選択を迫る。これまでイルカの命と真剣に向き合って生きてきた太地町のイルカ漁師たちは、苦悩しながらも漁を続けている。漁を止めることはイルカ漁師としてのアイデンティティを捨てることだ。それがどういうことなのか、私たちも一緒に考えなければならない。それは決して転職すれば済むという話ではないのである。

命を奪って生きるという「業」を背負って生きる人間の優しさと謙虚さがそこにはある。クジラを殺すなと非難する活動家たちも、クジラを食べる私たちも、この苦悩を分かち合おうとしていないのではないか。

オバリーはイルカの命を救いたいと考え、漁師たちは命を奪うことで生きていると語る。この二つの映画が訴えるメッセージは、「クジラやイルカを殺すな」だけではなく、その裏側にある「同意」あるいは「拒否」の理由を自分に問いかけることで生まれてくる「あなたは命とどう向き合って生きているのか」ということだ。

さらに、生き物の命には、自分が生きるために奪う（奪わざるを得ない）命と殺してはならない守るべき命が存在する、「命」には違いがあるのか、ということだ。オバリーが作り出したイルカショーによって奪われるイルカの命と人間が生きるために奪われる命は同じイルカの命である。オバリーはイルカへの贖罪としてイルカの解放を行い、太地町の漁師たちは殺したイルカに感謝して奪った命を弔う。明らかに命に対する捉え方が異なることが分かる。このふたつの命への向き合い方は全く相容れないものなのだろうか[16]

5　おわりに

生き物の命を奪って生きていることから目をそらして暮らす私たちは、生き物の命と真摯に向き合うことを避けて、あるいは見て見ぬ振りをしてきた。しかし、自分たちの目の届かぬところで命は奪われている。そのことすら日常生活の中では忘れてしまっている。だが突然目の前に、遠ざけていた、避けてきた現実が曝け出されると動揺し、目を背けて考えることをやめ思考停止状態に陥る。捕鯨やイルカ漁を残酷だと断定して抗議する環境保護団体にしろ、命を奪って生きていることに目をつむっている私たちにしろ、もはや生き延びる力を失いつつある絶滅危惧種なのかもしれない。

生き延びる力を取り戻すためには、かわいそうだからクジラやイルカを殺すなと主張し、その思想を他者に押し付けるのではなく、命を奪う瞬間に、現場に立ち会い（場合によっては映像で）、奪われる命の声を聞き、その瞬間に目を見開き、動揺する自分に向き合う必要がある。

捕鯨に関するこれらのドキュメンタリーは、反捕鯨団体と捕鯨で生きる太地町の漁民たちの対立を通して、それぞれの立場からクジラやイルカの命とどう向き合うのかを問いかける。さらには全く異なる価値観を持つ者たちがどうやってこれからこの世界で生き延びていくのかを問いかける。実は私たちはクジラやイルカだけでなく、異なる価値感や文化を持つ隣人に対してすら目を背けて生きていることを、太地町で繰り広げられるイルカ漁をめぐるドキュメンタリー番組は教えてくれる。

注

1　ここでクジラ（イルカ）と併記するのは、太地町で暮らす人びとは、イルカ肉だけではなく、調査捕鯨や沿岸小型捕鯨で捕られたクジラ肉も食べている。そうした意味ではクジラ（イルカ）と併記した。

2　一般的に反捕鯨運動というと、シーシェパードに代表されるように、南氷洋で行なわれていた日本の調査捕鯨に高速艇で体当たりをして、直接的な妨害行動を取る団体の運動と理解されがちだが、運動の形態は多様であり、リック・オバリーのイルカの解放運動もある意味、反捕鯨運動だといえるだろう。本論では太地で行なわれたイルカ追込み漁への抗議行動も反捕鯨運動の一環と捉える。

3　二〇〇三年にはシーシェパードのメンバーと漁師との間で警察沙汰になる事件が発生したり、《ザ・コーヴ》公開後、シーシェパード（コーヴ・ガーディアンズ）が太地町で直接行動を行うようになった結果、夜間に警備員を雇うようになり、その出費が漁協の負担になっている（伴野　二〇一五、野村　二〇一三）。

4　Our Planet-TV org ではジャーナリストの綿井健陽氏、映画監督・作家の森達也氏たちがディスカッションを行なっている。

5　《ザ・コーヴ》を見て初めて水族館のイルカがどのようにして捕獲されているのかを知ったとか、イルカを殺して食べるのは残酷だといったコメントが多い。映像が衝撃的だというのが分かる。

6　００７のジェームズボンド役だったピアース・ブロスナンがルイ・シホヨス監督に送ったメッセージが紹介されている（伴野　二〇一五、一七六頁）。

7　野村（二〇一三）はシーシェパードが太地町で行なっている抗議活動を直接行動として捉え、その行動の正当性について論じている。彼らがなぜ暴力的にも見える過激な行動を取るのか、それを許容している論理とはどのようなものかについて考察しており、活動の違法性も含めて、行動原理を知る上で興味深い。

8　一九九二年放送のＮＨＫスペシャル「灼熱の海にクジラを追う～インドネシア・ロンバタ島～」。ラマレラ村はインドネシアで唯一クジラを捕る村である。この村では目の前の海を回遊してくるマッコウクジラを狙った突き捕り式捕鯨が行なわれている。数キロある銛を長い竹の竿の先に付け、船の船首部分からクジラの背中に向けてラマファーと呼ばれる銛撃ちが、全体重をかけて飛びかかる命がけのクジラ猟だ。何隻もの船がクジラ発見と同時に浜にある船小屋から海に出る。仕留められたクジラは浜の岩場の上で解体される。クジラの肉は村人に分けられ、それらは保存食として干し肉となり、山の村でトウモロコシなどと交換される。小島・江上（一九九九）ではラマレラ村のクジラと共に生きる人びとの姿を生き生きと詳細に描いている。

9　ドキュメンタリー制作会社（有）海工房による海と森と人の映像シリーズNo.01「パプアニューギニア・ニューアイルランド島から」に収録されている「イルカのくる渚」には、村人たち総出で浜によってきたイルカを湾内に追い込み、カヌーに乗った男たちが銛で突いて捕獲する様子が収められている。丸一日かけたイルカ漁の様子は人びとが生きる力あるいは生き延びる力とは何かが分かる。かわいそうだとか残酷だとかは感じさせない。イルカが逃げ回り、子どもたちも喜々として銛が突き刺さったイルカを捕まえようとする。そしてイルカを解体し、内蔵を洗い、石蒸し料理にする。出来上がったシンプルなイルカ料理に人びとはかぶりつく。イルカ漁が残酷だとかかわいそうだとか言う前に、この映像を見るといい。

10　映画では太地町のイルカの肉に水銀が相当量蓄積していることを水俣病と関連づけて、それを学校給食に提供していることなども批判している。しかし、この水銀問題について、佐々木（二〇一七）は、クジラの肉には相当量の水銀が蓄積されており、太地町の人の毛髪検査の結果、やはり基準値以上の水銀が発見されている。しかし、水俣病のような病状を示す人はいないのは、セレンという物質がクジラの体内で水銀を無毒化している可能性があると述べている。むしろ膨大な化学物質が猛スピードで自然界に放出され、蓄積されて、それが動物や人間にすでに影響を及ぼしており、環境破壊をもたらしているのは、私たち人間だと指摘する（佐々木　二〇一六、一六〇―一九六）。

11　伴野（二〇一三、一七三―一七四）と佐々木（二〇一七、三一―三二）は《ザ・コーヴ》の取材班が撮影許可を求めにきたときの様子を証言によって明らかにしている。

12 関口（二〇一〇、三八―三九）によれば、クジラとイルカの違いはその大きさで分けられる。体長四〜五メートルより小さいものをイルカ、大きいものをクジラと呼んでいるが、ゴンドウはその中間に当たる。ゴンドウクジラとも呼ばれる。

13 古式捕鯨発祥の地とされる太地町の捕鯨の歴史は四〇〇年前に遡る。セミクジラなどの大型のクジラを網と銛で捕っていたが、ゴンドウなどのイルカ類も捕獲されていた。現在のイルカ追込み漁が始まるのは一九七五年である。そして水族館向けのハンドウイルカの大量捕獲に成功するのは翌年一九七六年になってからである（伴野二〇一三、七九―一〇六）。古式捕鯨から今日のイルカ追込み漁に至るまでの歴史については、関口（二〇一〇、八七―一二五）が詳しい。さらに、詳しくは熊野太地浦捕鯨編纂委員会（一九六九）を参照のこと。

14 太地町漁業協同組合長の脊古輝人が当時の屠殺方法を反省していると述べている（伴野 二〇一五、二五五）。

15 イルカもクジラも同じ鯨類である。大型のシロナガスクジラ、セミクジラ、マッコウクジラなどは誰もが「クジラ」と認識している。しかし、イルカはクジラだと認識している人は案外少ない。クジラの肉を食べることに抵抗がなくても、イルカの肉を食べることには抵抗感を示す背景は、やはりイルカと人間との距離感の違いによると思われる。イルカショーに登場するハンドウイルカなどは「かわいい」生き物として認知されているからだと思われる。イルカ漁とかイルカを殺すというのはイメージが悪いと考えたのか、番組のナレーションではイルカ漁をクジラ漁と言い換えている。イルカ追込み漁をクジラ漁あるいは捕鯨と呼んでも間違いではないが、実際に対象としているのはゴンドウやハンドウイルカなどの小型鯨類（いわゆるイルカ）だ。よって本稿ではゴンドウも含めてクジラではなくイルカと記すことにしたい。

16 佐々木（二〇一七、二四八―二五四）には、元イルカ漁師がイルカ漁に反対派に変った理由が記されている。彼の選択はイルカの命と真摯に向き合うことで自ら選んだ結果でもある。彼はイルカが生きのびようとする力に強く惹かれているようだ。それはリック・オバリーのイルカへの想いと似ている。

参考文献

伴野準一　二〇一五　『イルカ漁は残酷か』平凡社
野村康　二〇一三　「民主政と越境的直接行動――太地町における反捕鯨活動の批判的考察」Journal of Human Environmental Studies, Volum 11, Number 2
「渋谷駅にて《ザ・コーヴ》の上映中止を求めるデモが行なわれる」、週刊シネママガジン　二〇一〇年六月六日付け cinema-magazine.com
《ザ・コーヴ》東京でイベント上映決行！日の丸掲げ攻撃する人も！　満席で観客あふれる、シネマトゥデイ　二〇一〇年六月十日、chinematoday.jp
映画《ザ・コーヴ》～上映中止へ抗議のシンポジウム・前編、後編、OurPlanet-TV.二〇一〇年六月九日投稿 ourplanet-tv.org
佐々木芽生　二〇一七　『おクジラさま――ふたつの正義の物語』集英社
小島曠太郎・江上幹幸著　一九九九　『クジラと生きる　海の狩猟、山の交換』中公新書
関口雄祐著　二〇一〇　『イルカを食べちゃダメですか？科学者の追込み漁体験記』光文社新書　三八―三九頁
熊野太地浦捕鯨史編纂委員会編　一九六九　『熊野太地浦捕鯨史』平凡社
シンガー・ピーター　二〇一一　『動物の解放』人文書院

読書案内

①　森田勝昭　一九九四『鯨と捕鯨の文化史』名古屋大学出版会
世界の捕鯨の歴史と文化を知ることができる。捕鯨は何を目的に始まったのか。特に日本の捕鯨とはどのように始まったのかを知ることができる。

②　伴野準一　二〇一五『イルカ漁は残酷か』平凡社
映画に登場する太地町のイルカ漁はどのような問題かを知ることができる。特にイルカ解放を目的とするリック・オバリーの思想がどのように形成されたのかを知ることができる。

③　佐藤真　二〇〇九『ドキュメンタリー映画の地平〈愛蔵版〉』凱風社
ドキュメンタリー映画の代表作《阿賀に生きる》の佐藤真監督が、ロバート・フラハティの《極北のナヌーク》をはじめ国内外のドキュメンタリー映画の魅力について、解説を含めて語っている。紹介されている映画を観る前あるいは見た後に読み、もう一度映画を観ると、楽しみ方が何倍にも広がる。

【コラム 3】「戦前」という気分

石田あゆう

一九四五年の日本の敗戦。それを経て進められた「戦後」の民主化政策のなかでは、どちらかといえば否定されてきた価値観が目立つようになった。例えば、路上でのヘイトスピーチ、日本的伝統の強調や道徳の教科化という教育現場の変化、「共謀罪」法の成立や自衛隊をめぐる憲法九条改正論議などである。その結果、人々の間で「戦前」が意識され始めている。この「戦前」には二つの意味がある。ひとつは、今はかつての「戦前」に似ているのではないかという意識、もうひとつは、今は次の戦争にいたる「戦前」なのではないかという漠然とした不安である。

過去の「戦前」

まず第一の「戦前」は、一九四五年に日本が敗戦へと至った戦争前を指す。一般に一九三一年九月十八日の「満州事変」から、一九三七年七月七日の「日中戦争（当時は支那事変と呼ばれた）」を経て、一九四一年十二月八日の日本の真珠湾攻撃による日米開戦から敗戦へと至った約十五年間を指す。

国内では、テロやクーデター（五・一五事件、二・二六事件）を経て軍部が台頭、政党政治が終わりをつげ、治安維持の名目で反戦論者や共産主義者（アカと呼ばれた）が拘束された。日本は戦争遂行のために男性のみならず、女・子どもを含む国民を総動員した総力戦体制の確立に突き進んだ。そして、日本の植民地政策や侵略戦争の記憶は、今や近隣諸国との関係悪化の要因ともなっている。

メディアに目を向けてみよう。戦前は「プロパガンダ（戦時宣伝）」が飛び交い、新聞をはじめとするメディアがいかに自国を称揚し、敵を貶めたか。例えば、「進め一億火の玉だ」や「鬼畜米英」といったスローガンが典型だが、国民に事実関係を知らせるよりも、国家宣伝に貢献したかが批判されることになる。もちろんそれは国家による言論や用紙統制ゆえに仕方がなかったとの見方もある。だが新聞や雑誌を刊行し続ける使命を帯びたメディアが、世間の空気を読み、自主的に行ったことも忘れてはならない。

こうして過去の「戦前」の記憶を断片的によみがえらせながら、われわれは生きている。

戦後の日本の「戦争観」

「今日の社会の空気は、『戦前』に似ている」という意識も、実はひとつの戦争観である。日本では、一九四五年の敗戦を起点に時代を振り返るのが当たり前であった。だがすでに戦後七二年がたち、直接の戦争体験を持つ世代はほぼ過ぎ去りつつある。

敗戦直後、日本を戦争に導いた元凶は軍人にあるとされ、国民や天皇の戦争責任は回避された。その戦争観は占領軍主導による民主化政策が積極的に受け入れられる素地となった。

一九五二年に独立を果たすと、日本の「逆コース」が懸念された。米ソ（旧ソ連、現ロシア）が対立するなかで日本は、再び戦争というつらい時代に逆戻りするのではという「戦前」への恐れが高まった。

しかしその怖れは杞憂に終わった。『経済白書（昭和三一年度年次経済報告）』（一九五六年）における「もはや『戦後』ではない」との象徴的言葉がある。皇太子ご成婚（一九五九年）、東京オリンピック（一九六四年）を経て、人々はようやく戦争を過ぎ去った出来事として振り返ることができるようになった。

一九六三年五月十四日の閣議は、「全国戦没者追悼式の実施に関する件」を決定し、以後八月十五日に政府主催の全国戦没者追悼式が実施されるようになった。六〇年代には、子どもらの間で戦記ブームも起こり（親世代ではタブーだったが）、またサラリーマンの間では人生訓、日本的経営論として軍事もの（ビジネス戦記）が読まれた。逆説的だが、「戦前」が遠のいたからこその好戦的現象であった。

一九六〇年代から七〇年代には、戦争時代に子どもだった世代が、自らの戦争体験をふまえた作品を書き始めた。その代表的児童文学に高木敏子『ガラスのうさぎ』がある。同書はもともと自費出版された『私の戦争体験』を原本とする。作者自身の十代の頃の体験と感情がその戦争観をかたちづくった。自らが子どもを持つ親になったからこそ、次の世代が戦争の悲劇を繰り返すことのないようにとの想いが込められることになる。

敗戦から約二〇〜三〇年がたち、当時の銃後（国内）の様子を学び知ることのできるメディア環境が整ったことが、彼女／彼らが書き記すことができた要因である。高木も『私の戦争体験』を書くにあたり、東京大空襲や学童疎開についての取材をすすめ、その際、東京都庁に戦争写真の借用を求めたところ、「学童疎開のことや戦争末期の状況」が良く書けていることから、各区の中央図書館に置きたいと寄贈を頼まれたという。その後、『ガラスのうさぎ』と改題出版され、学校指定図書となり多くの読者を獲得した。

八〇年代になると日本社会はかつてない「豊かさ」を実現し、かつての「戦前」は遠のいた。だが豊かな社会となってむしろ戦争は積極的に語られるようになっていく。

例えば、スタジオジブリ『火垂るの墓』（一九八八年）は、「反戦映画」として受け取られることが多いが、なぜ八〇年代の映画化だったのか（野坂昭如の原作は映画公開約二〇年前の一九六八年に発表された作品だ）。十四歳の兄と四歳の妹が大人の助けを得られず、生き延びられずに死にゆく道程は、戦争の悲惨さを示しているようにみえる。とはいえ、アニメ製作監督の高畑勲（戦前の一九三五年生、二〇一八年没）は、「反戦」を第一のメッセージとした作品ではないとたびたび語っている。高畑は、戦争の時代を生き延びた人たちの「語り」、つまりひどい時代を耐え抜いたその我慢強さの物語が、逆に今の豊かな社会の若者の共感を呼びにくいと考えた。だがアニメーションの受け手は戦争を知らない多くの若者である。それをふまえ、彼／彼女らとの接点を生み出す作品として、誰とも関係を結ばずに死にゆく兄妹の物語を映画化し、豊かさのなかで人に助けを求めない（求められない）現代の人間関係に一石投じた。一方で、かつての悲惨な戦争の記憶が希薄化しているという受け手の戦争観は、作品の誤読（反戦物語）を促した。

九〇年代以後、原爆や空襲といった戦争被害において築かれてきた日本人の戦争観は、中国をはじめとする対アジア関係においてクローズアップされはじめる。戦後看過されがちだった日本人の加害者性、戦争責任に向き合うなかで、今は未来の戦争前ではないかとの戦争観が浮上している。

戦前という「予言の自己成就」

「戦前」をどうとらえ、戦争をどのようにイメージするかは、まさに「現在」の問題なのだ。では今を未来の戦争の「前」だととらえる今日の戦争観はどのような意味を持つのだろうか。

これは、社会学における「予言の自己成就」を想起させる。予言という未来予測ははずれるのが当たり前なのではなく「当たる」ことが問題なのだ。未来の姿が「予言（言葉）」となることで、人々が抱いていた漠然としたイメージが具体的に共有され、それをきっかけに新たな相互作用が生まれ将来に変化を与えることに意味がある。

日本が経済的に豊かとなり九〇年代には「日本が勝利する」という架空の戦争物語（代表的作品に『紺碧の艦隊』など。敵はヒトラー率いるドイツである場合が多い）がブームとなった。

そもそもSFの戦争の歴史は戦前にも存在した。それは見事な「未来予測」であったことが指摘されており、「日米戦うか」という「戦前」物語のブームであった。二〇一八年現在、「日中戦うか」という架空戦記は書籍のみならずネット上にも散見される。こうした「戦前」物語は、今日の日本での戦争観を反映した娯楽にすぎないが、それでもひとつの「予言」として機能しかねない危うさを秘めている。

参考文献

石田あゆう　二〇一五「第九章　架空戦記―日本の敵はどいつだ?―日独決戦の行方」佐藤卓己編『ヒトラーの呪縛』（下）、中公文庫、二一三―二六八頁

猪瀬直樹　二〇一七『黒船の世紀――〈外圧〉と〈世論〉の日米開戦秘史』角川ソフィア文庫

長山靖生　二〇一八『日本SF精神史【完全版】』河出書房新社

吉田裕　二〇〇五『日本人の戦争観――戦後史のなかの変容』岩波現代文庫

【コラム 4】「孤立の学」としてのメディア論

長﨑励朗

数年前のこと、ある大学での講義の直前に二人の学生がやってきた。授業の冒頭、五分間でいいので自分たちの団体をPRさせてほしいという。そういえば自分の学生時代にも「資本主義打倒」を掲げる人たちが同じようなことをしていたなと思い出し、念のためなんの団体か尋ねると、「海外インターンシップなどの事業を行なうNPO団体」だという。ならば問題なかろうと承諾すると、彼らは手際よくパソコンをつなぎ、講義用のスクリーンにスタイリッシュな動画を流し始めた。たしかその映像で最初にでかでかと映しだされた言葉は「グローバル化の時代」であった。五分間の映像が終わり、学生たちが礼を言って立ち去ろうとする段になって、ふと思い立った私はマイクを渡しながらこんなお願いをしてみた。

「グローバル化の意味と長所と欠点をみんなに分かるように説明してみて。」

現代風の「意識高い系学生」に対するいけずな好奇心と、授業の導入に使えそうだという実利的な思惑が相半ばしていた。結局、彼らは言葉に詰まり、ほとんど何も話せないまま私にマイクを返すことになったが、今思えば大人数講義の聴衆を前にいきなり話せという方が酷で、真面目な彼らに非はない。それでも、内容について語れない「グローバル化」を宣伝しようとした彼らに私はある種の「甘え」を見て取らずにはいられなかった。

ここでいう「甘え」とは、グローバル化という「疑いなき正義」への甘えであり、それと同時に、「身内化された他人」に呼びかけているという無意識からくる甘えでもあったと思う。前者の「甘え」が彼らの中にあったことは、講義の最初の5分間を使わせて欲しいと願い出たことからも自明である。一般のサークルがそのようなことを申し出ることはないわけで、その意味で彼らの「グローバル化」

の正しさへの信仰は「資本主義打倒」を訴えたかつての人々のそれと同形である。

　後者の「甘え」についてもやはりかつての学生たちとの相似性を指摘できるが、グローバリズムのはらむ現代的課題としてはこちらの方がより深刻かつ、普遍的な問題である。実は「身内化された他人」という言葉は私の思いつきではない。文学者・磯田光一の約四〇年前の著作『思想としての東京』から拝借してきたものだ。この著作で磯田は東京イメージを素材に明治維新から戦後にいたるまでの日本人の心性史を描き出して見せた。磯田は次のように言う。

> 『帝都』は『身内』たる家族や故郷を否定してまでも到達しなければならない新たな『他人』であった。しかもその『他人』を『身内』としなければ気がすまない。こうして『他人＝身内化の錯視』を錯視できないものにしようとする衝動が、『帝都』への合体の情熱を生んだ。これが日本近代化の最大のエネルギーであった。そして合体に成功したものどうしが、自ら新たな『身内』として権威を確立するとき、合体に成功しなかった部分の恨みは、つねに『民話』の噴出として急進化した。（磯田　一九七八、一三〇）

文中の『帝都』をグローバリズムに、『民話』をローカリズムあるいはナショナリズムに読みかえれば、今日的課題と直ちにつながる。グローバリズムとは、それを是とする人びとが『身内』の間で共有する極めてローカルな理念ではなかったか。少なくとも「グローバル化の時代」を言祝ぐ学生たちからそうした自覚を見て取ることは難しい。

　しかし、これをごく一部の「意識高い系学生」の無知と片づけるべきではない。翻って考えれば、それは社会科学全般、とりわけメディア論において顕在化しやすい問題である。言うまでもなく、メディア（media）とは中間、媒介を意味するミディウム（medium）の複数形であり、それゆえにグローバル化信仰、つながり信仰の源泉として機能してきたからである。歴史的に見れば、ラジオ、テレビ、インターネットといったニューメディアは常にコスモポリタン的期待を背負って登場した。それについて論じるメディア論もまた同様である。多くの知識人が性別、人種、階級、そして住む場所を越えたコミュニケーションの可能性に熱狂し、その生涯をささげてきた。それ自体が無意味なわけではない。しかし現実問題として、果たして人間は自身の持つ属性を離れて生きることができるだろうか。こうした疑念や諦念を引き受けた上で、人間が何に縛られ、何から自由になりうるのかを考えることこそが今日的なメディア論の課題となるはずである。

その意味で、これからのメディア論は「つながりの学」ではなく、「孤立の学」として人間同士の「断絶」をこそ探求せねばならない。「孤立の学」といえば、一見して暗いイメージを想起させる。しかし、明るいはずの「つながり」こそが、近年多くの社会問題を引き起こしている。インターネット上の炎上現象は言うまでもなく、ヘイトスピーチに代表される過激な社会運動もまた「つながり」、あるいはより正確に言えば「つながり」幻想を基盤として成立している。他者が自分と同じ考えにいたらないことに苛立つのは『身内』だと錯覚するからだ。全く異なる無関係な他者がそこにいると考えれば、腹も立たないはずである。乱暴を承知の上で言えば、こうした認識を受け入れられない「甘え」という一点において、グローバル化を自明の正義と信じる真面目な学生もヘイトスピーチに参加する人々も同根の病理を抱えているといえる。

一方、孤立を前提とする社会とは存外に寛容な社会である。他者が自分と異なることが当然であれば、期待を裏切られることによって生じる苛立ちもない。そしてそれはメディアリテラシー教育が掲げる市民的成熟ともリンクしている。先に引用した磯田は続く部分で、「友人どうしの結びつきは深いほうがいいか」という国際調査の質問において日本が異様に高い数値を示していることを指摘し、次のように述べている。

国民・市民の政治的成熟度とは、おそらく『友情』にたいする期待の低さによって測られる。友情の深さへの期待が一二・一パーセントのフランスでは、一〇〇人中八八人までが『他人』は『他人』であったほうがいいという醒めた眼をもっているのだ。こういう形をとった個人における相互不可侵・相互自主責任の定着は、同時に、政治における公・私の鋭い分離をも示していよう。そこには『公』となれあういかなる『私』もなく、また『私』に過大な幻想を与える公もない。自主責任をもった個人の選択だけが選択された公に権威を与える。（磯田　一九七八、一三二）

現代の国際情勢を見れば、日本固有のものとして磯田が提起した問題は、インターネットという「つながり」の技術によって、日本のみならず世界中に拡散しつつあるように見える。現代においては市民社会を維持するためにも、断絶への意識を喚起することが不可欠なのだ。

もちろん、孤であることの認識は他者を無関係であるとして切り捨てる社会の招来を意味しない。むしろ孤としての自覚こそが他者とのつながりを担保するとは考えられないだろうか。そうした思想をインターネット誕生以前に表明していた著述家に、渡辺京二がいる。渡辺は、人間が孤としての自覚を世界（コスモス）との関係性によって得ているとした上で、次のように述べる。

人間を自らのうちに関連させ、交響させる生けるコスモスを神的なものと呼ぼう。人間はそのような神的なものを媒介としてのみ、社会内の他者と関係することができたのである。人間が社会、すなわち他者との関係の網の目におのれを定位させることができたのは、このような神的なものへの自覚という共通の心の地盤の存在に拠ってであった。人間は個＝孤たるおのれを自覚することによって、社会＝他者を再び見出したのだった。（渡辺　一九九九、一一三）

人間には、互いに越えがたい断絶が存在する。そうした認識を共有することによってはじめて、関係性を結ぶことができる。メディア論が孤の消滅を志向する「つながりの学」としてではなく、孤の自覚を促す「孤立の学」であるべき由縁である。

参考文献

磯田光一　一九七八『思想としての東京』国文社
渡辺京二　一九九九『渡辺京二評論集成Ⅲ　荒野に立つ虹』葦書房

第三部　表現媒体としてのメディア

第三部では、どちらかというと「メディアを読み解く」という「メディアの外側」に注目してきたこれまでの各章から一気に「メディアの内側」にせまってみる。冒頭でも述べたように、デジタル時代のメディアのもっとも大きな特徴は「双方向性」という点に尽きるといってよい。つまり、一部のプロフェッショナルなトレーニングを受けた記者や映像作家、ジャーナリストらによって担われていた情報発信が一般の人びとに開かれ、インターネットを介して誰もが不特定多数の他者に対して日常的に情報を発信できるようになったのである。情報を受信する側も、あらゆる情報にあふれ容易にアクセスできるインターネット空間を便利に使って生活している。その情報の発信者が誰であるか、そこにどのような意図やあるいは信ぴょう性があるかどうかを吟味せずに――。

こうした現状に対して、大学教育の現場でも、必ずしもプロの映像作家を育てるわけではない、より一般に開かれた映像制作教育が進められるようになった。その主な目的は「メディアリテラシー＝映像での読み書き能力」の育成である。誰もが映像を表現手段として、コミュニケーションのツールとして、利用するようになった時代にその方法を習得する。また、受信者として映像を読み解く力をつけるには発信の側を経験してみるのが何より効果的である。このような意図から映像制作が大学教育の場で実施されている。また、近年、大学では理系文系を問わず、「アクティブラーニング」と称された、講義形式による知識尊重型教育ではない実践型教育による実行力の育成が要求されている。メディアの発信者側を経験する教育は、実践のなかで創造力やコミュニケーション力を養う可能性を大いに含んでいる。

本書最後の第三部では、「作る」教育実践を進める二人の執筆者の論考を収めている。第七章では、「マルチメディア文化実習」におけるアニメーション制作の取り組みについて紹介する。この実習は、学生たちに「自由に作る」ことを促しつつも、発信するには他者の理解を得られなければならないことへの気づきを導き、「実験性と普遍性」のバランスが重視される。学生たちによる五作品についての評価が述べられているが、評価のなかには意外にも、アニメ史のなかで構築されてきた独創性と普遍性を見て取れるのも興味深い。一方、第八章では「映像制作実習」におけるドキュメンタリー映像制作の取り組みを紹介する。アニメとは対照的に、学生たちはドキュメンタリー映画を観た経験が少なく、「社会をとらえる」映像としては報道番組の方が主流である。しかし、映像で社会をとらえて発信することで、言葉に頼らない「像」による表現を意識し、そのことが普段何気なく目にしている映像場面にも発信者の無言の意図が示されていることに気づく。

いずれの実習も「国際教養学部」の取り組みであり、その教育目標には「グローバル化が進展する二一世紀の世界において、幅広い教養をもち、氾濫する情報に流されることなく主体性をもって行動する『世界の市民』の養成」と掲げられている。映像メディアが身近になったからこそ、誰もがその可能性と問題性に自覚的になることが求められており、こうした実践教育の需要は今後より一層増すことだろう。

なお、各実習による学生制作作品の一覧を巻末に挙げているので一緒に参照されたい。（南出和余）

第七章　メディア・リテラシー教育実践としてのアニメーション制作実習

佐野明子

1 「マルチメディア文化実習」教育実践

桃山学院大学国際教養学部は、二〇一〇年度よりアニメーション制作の実習科目「マルチメディア文化実習」を開講した。実習のおもな目的は、学生が自ら情報を発信するメディア・リテラシーを育成することにある。また、学生がグループで協力しながらイメージを形にしていくことで、発想力、企画力、コミュニケーション力が備わるようにも配慮した。つまり作品を制作するための技術面にくわえて、学生が社会で生きるときに役立つ基礎能力を培うことも重視している。グループでアイデアを出し合いながら目標を立てて、各自が役割を果たし、ときには軌道修正しながら目標を達成するという経験は、ビジネスシーンで有用なのはもちろん、あらゆるシーンで何らかの困難に直面したときに問題を解決するための一助ともなるだろう。

芸術系ではない学部において、アニメーション制作の実習科目を設けているところはほかにもある。たとえば関西大学総合情報学部の「制作実習（マルチメディア）」では、FLASHによる平面アニメーションのグループ制作が行われている。ここでもグループ作業を通して、卒業後の仕事でも生かされる能力の育成が視野に入れられている。[1]

本実習の特色は、主流の「アニメ」に限定されないスタイルによって、「実験性」を取り入れて作品を制作し、

YouTubeで発信することにある。学生は主流のアニメに限らず多様な映像の話法やスタイルを学んだ上で、自分の情報発信に適する作り方を選ぶ。そして「実験性」、すなわち、①非物語性、②非連続性、③超現実性、④可変性、⑤多層性、[2]といった普遍的なアニメーションにはあまり見られない特性を取り入れて、映像表現のオルタナティブを探る。このようにして生み出される映像は、学生のメッセージをより強く視聴者に訴えかけ、同時に、メディア・リテラシー教育の効果がより高められると考えられる。本章では二〇一〇年度から二〇一五年度にかけて五回開講した実習の制作環境を紹介し、学生作品の映像分析をとおして、メディア・リテラシー教育におけるアニメーション制作においてどのような授業が効果的なのか考察していく。

2　制作実習の環境

設備

カメラはSONY DCR-HC62、パソコンはMac Book Pro（ブートキャンプによりWindowsとして使用）、アニメーション制作ソフトはSELSYSのCLAYTOWNを用いた。[3]三～四名が並んで座れる長方形の机にパソコンを置き、パソコンの横を作業スペースとした。作業スペースの上部にカメラをコピースタンドで下向きに固定。照明は蛍光灯の電気スタンドを使用した【図1】。

このような設備は、半立体アニメーションまたは平面アニメーションの制作に適している。本実習では立体アニメーションを制作しないが、それは立体アニメーションでは人形をまず「立たせる」ことが難しく、人形制作の段階での失敗を回避するためである。半立体または平面アニメーションは、半立体の人形や平面の絵を卓上に安定させられるため、初心者に向いている。
二〜四人のグループで一作品を作るなかで、①撮影対象を作る、②撮影対象を動かす、③撮影する、という三つの役割を分担した。二〇一〇年度は三グループ、二〇一一年度は六グループ、二〇一二年度は四グループ、二〇一三年度は五グループ、二〇一五年度は三グループ、計二一作品が制作された。

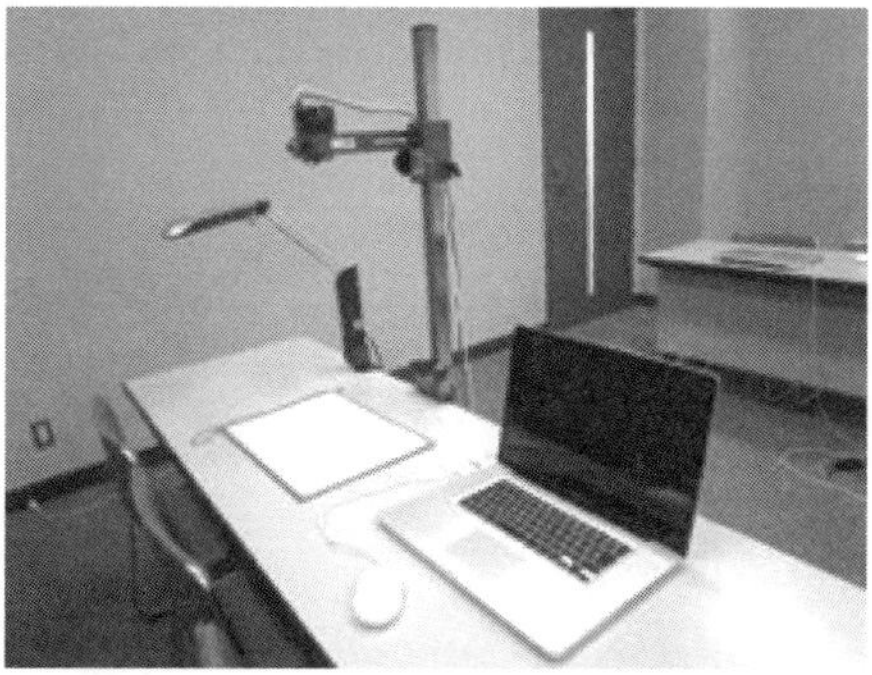

図1　設備

材料はおもに、粘土、色紙、ホワイトボードを用意した。本実習では基本的に、粘土による「クレイアニメーション」、色紙を切ってキャラクターや背景をつくる「切り紙アニメーション」、ホワイトボードにボードマーカーで絵を描く「ホワイトボードアニメーション」を作ることができる。ただしじっさいには、粘土とホワイトボードを組み合わせたり、学生が自分でヘアゴムやビニール袋等を持ちこんだりして作っており、二一作品の殆どが複数の材料を用いるものとなった。粘土はClaytoon、切り紙のキャラクターには肘や手首が動くように関節（岩井俊雄著『いわいさんちのリベットくん』〔紀伊国屋書店、二〇〇七〕の付属の割ピン）を用いた。ほかにもおはじきやマグネットなどの日用品を用いて、学生が物を動かすことに専念させ、初心者に効果的な作業となるようにした。

実習の概要

本実習は講義科目「マルチメディア文化論」とリンクしており、ここで学生が制作手法以外に必要な、アニメーションをはじめ広く映像文化の知識を学ぶ【表1】。前半は、多様なスタイルのアニメーション作品に触れ

第１回	ガイダンス	第 16 回	世界の人形アニメーション（3）
第２回	アニメーションと現代美術	第 17 回	日本の人形アニメーション
第３回	アニメーションと CM	第 18 回	CG の展開
第４回	アニメーションの文法（1）	第 19 回	映画理論の基礎：フレーム（1）
第５回	アニメーションの文法（2）	第 20 回	映画理論の基礎：フレーム（2）
第６回	アニメーションと劇映画（1）	第 21 回	映画理論の基礎：フレーム（3）
第７回	アニメーションと劇映画（2）	第 22 回	映画理論の基礎：フレーム（4）
第８回	アニメーションとシュルレアリスム	第 23 回	映画理論の基礎：フレーム（5）
第９回	実験アニメーション（1） アニメーション３人の会	第 24 回	映画理論の基礎：モンタージュ（1）
第 10 回	実験アニメーション（2）手塚治虫	第 25 回	映画理論の基礎：モンタージュ（2）
第 11 回	実験アニメーション（3）山村浩二	第 26 回	映画理論の基礎：モンタージュ（3）
第 12 回	カナダのアニメーション	第 27 回	映画理論の基礎：モンタージュ（4）
第 13 回	中国・韓国のアニメーション	第 28 回	映画理論の基礎：モンタージュ（5）
第 14 回	世界の人形アニメーション（1）	第 29 回	映画理論の基礎：モンタージュ（6）
第 15 回	世界の人形アニメーション（2）	第 30 回	総括および質問

表1　「マルチメディア文化論」シラバス（2016 年度）

ながら、理論面や社会背景との関連を考える。後半は、映画理論についてより詳細に学び、フレームやモンタージュの多様な機能を理解して、アニメーション制作に応用していく流れとなっている。

実習は二コマ連続、十五回で完結する。各回のはじめに講義の要点を振り返り、インターネットで公開されている多彩なスタイルの短編作品を分析する。そして、パソコンやカメラの使い方、絵コンテの描き方、撮影対象の動かし方、音の入れ方など、制作方法を教員が適宜解説し、学生が作品制作を進めた。

実習では、パソコンのみで作る方法ではなく、ビデオカメラによるコマ撮りアニメーションという、デジタル式とアナログ式の中間のような制作方法を採用した。それはアナログ式を取り入れることによって、画一的ではない運動や色彩、スタイルなどを表現しやすくするためである。じっさい初心者向けのワークショップ、たとえばキンダーフィルムフェスト・きょうとのアニメーション・ワークショップは本実習とほぼ同じ制作方法をとっており、優れた作品もできている。実習では、初心者でも十分に観客を魅了する作品を生み出せることを説き、学生の制作意欲を向上させることを心がけた。

3　学生作品の分析

二〇一〇年度から二〇一五年度にかけて二一作品が完成した（巻末「学生制作アニメーション作品一覧」参照）。ここでは五作品（『HYSTERIC』『けむし』『Pray for Japan』『hate』『夢ボタン』）をとりあげ、映像を分析していく。なお、学生作品はすべてYouTubeで閲覧できる（https://www.youtube.com/user/momodanimation）。

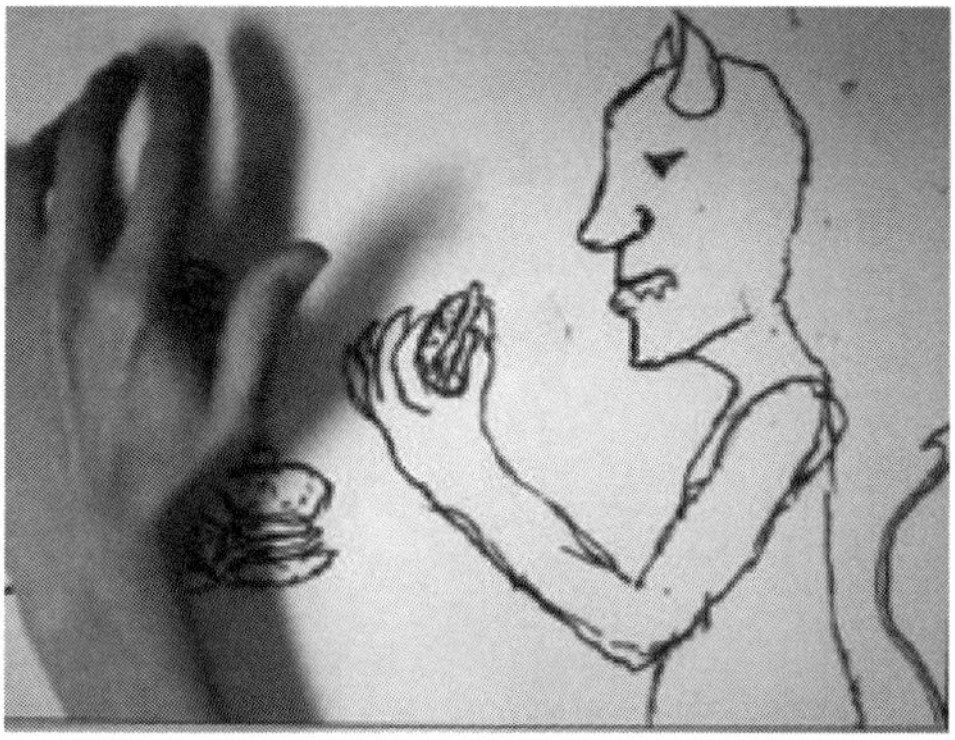
図2『HYSTERIC』

『HYSTERIC』三分五六秒

おもにホワイトボードにボードマーカーで絵を描き、適宜、粘土の人形や文房具、制作者（学生）の手を登場させ、多層的な質感を出している。このグループがホワイトボードに絵を描くスタイルを選んだ理由は、「粘土や紙は動かしにくい」からだという。本作品はたしかに「動き」に溢れており、さらにメタモルフォーゼ（変容）というアニメーションの重要な特性を生かした作品となっている。

メタモルフォーゼの例をみていこう。ショット一では、天井の照明器具が描かれているが、その照明器具が黒点に変化する。ショット二では、制作者の手が黒点をひきのばすと、黒点が人形に変化する。ショット四では、人形が黒いしずくに変わり、さらにキリン、人の顔に変化していく。人の顔の口から手が生えたところで、制作者の手が現れて絵を消す。

ショット十一では、女性がタバコを吸っている。するとタバコの煙が画面内に充満してすぐに消滅し、女性も溶けて消えてしまう。ショット十二では、人の顔が現れ、黒い塊を地面に落とす。その黒い塊に制作者の手がビームを発射すると、黒い塊が変容して草が生えてくる。ショット十五【図2】では、制作者の手が画面の外へ消えていくと、大量のハンバーガーが現れる。悪魔が大量のハンバーガーを飲み込み、自分の手を口に突っ込むと、悪魔の体が自分の体内に飲み込まれていき、消える。

このように顕著なメタモルフォーゼが見られるが、そのメタモルフォーゼの多くは、制作者の手の出現がきっかけとなって起こっている。制作者の手は、現在の一般的な作品にはほとんど出てこないため、奇異に見えるかもしれない。しかしアニメーションの草創期には制作者の手はよく出ており（たとえば『愉快な百面相』［ジェームズ・スチュアート・ブラックトン、一九〇六］、実験的な短編作品（たとえば『幽霊船』［大藤信郎、一九五六］）にもしばしば見られる。現在の一般的な作品は、観客を物語世界に没入させるように作られているため、観客を現実世界にひきもどすような制作者の手は登場しなくなった。しかし、物語性よりも視覚性を強調したり、異化効果（観客が作品に距離をおいて批判的に見るように促す効果）を出したりするには、制作者の手がいまなお有効であることを、本作品が示している。

現代の一般的な作品とは異なるもうひとつの特徴は、一貫したストーリーが無いことだ。短いストーリーを繋ぎ合わせた作品となっているが、それは絵コンテを作らず、各自がその時々に沸き上がったインスピレーションを表現するという手法をとったことによる。しかし「環境保護」というテーマが各ストーリーに共通しているため、作品全体が散漫にならず、「環境保護」を訴えかける作品となりえた。

また、「運動の方向の一致」という一般的な映画で基本的な話法も、作品の後半で用いられている。ショット十七〜十九における運動の繋がりを見てみよう。ショット十七で、制作者の手が粘土の地球を右から左に向けて投げる。ショット十八では粘土の地球が右から左に飛んでいく。ショット十九では右から飛んできた地球を野球のようにバッターが右上に向けて打つ。このように一般的な作品と同じ話法もとりいれて、観客が位置空間を把握しやすくしている。

この作品は、実験性の五つの特徴（非物語性、非連続性、超現実性、可変性、多層性）をすべて含むが、「環境保護」というテーマを定め、物語映画の話法もとりいれたことにより、オリジナリティの高い映像でメッセージを強く訴える、完成度の高い作品となった。

図3　『けむし』結婚式

『けむし』二分四一秒

色紙をおもに用いて、ヘアゴム、針金、布、フェルト、修正液、ビニール紐、ビニール袋等、様々な素材も取り入れている。主人公のけむしは、ヘアゴムの中に針金を入れて、細かな動きをつけた。また、主人公のけむしにのみドールアイをつけて、他のけむしと差別化した。花嫁役のけむしのウェディングドレスには布、クモのキャラクターやタイトルにフェルト、字幕の文字に修正液、クモの巣にビニール紐、川の水にビニール袋が用いられた。このようにして画面内では常に複数の素材が使用され（最多で六種類）、多層的な質感をあらわしている。

この作品は、一貫したストーリーがある。二匹のけむしの結婚式で【図3】、

図４　『けむし』蜘蛛の巣

花嫁が鳥にさらわれてしまうが、花婿が苦難を乗り越えて花嫁を助け、ハッピーエンドになるというものだ。

このように明確なストーリーがあるいっぽう、セリフがほとんど無いという、一般的な作品とは異なる特徴もある。セリフではなく、カメラのズームアップやクローズアップ、強い音響などで、けむしたちの感情をあらわしている。また、ショット七とショット八で、視点編集（何かを見る人の顔のショットと、その人が見ているもののショットを繋ぐ、映画で一般的な編集方法）が行われている。花婿の顔のクローズアップから、森へ落ちて行く花嫁の映像に繋がれることによって、観客は花婿に感情移入して花嫁が落ちて行くさまを感じることができるのだ。日本では一九六三年に初のTVアニメシリーズ『鉄腕アトム』が始まり、映像よりもセリフで物語を牽引するスタイルが一般化した。いっぽう本作品はセリフよりも多層的な質感の映像によってストーリーを語っており、映像表現のオルタナティブを十分に示す作品となった。

クモの巣の演出も秀逸だ【図４】。クモの巣と地面の距離感を出すために、クモの巣のビニール紐をカメラに結びつけてぶらさげるという工夫が施されている。プロの制作現場ではこのような遠近感を出すときに、マルチプレーンカメラ（多層式撮影台）という、複数の透明の板の上に人形や背景を置いて、上からカメラで撮影する装置を使う場合がある。実習室にはそうした設備は無いが、ビニール紐とカメラを結びつけるというアイデアによって、作品に遠近感を出している。

ほかにも空間に広がりを出すために、舞台を横から見る視点のショットと、舞台を上から見る視点のショットを組み合わせている。このように複数の視点のショットを組み合わせる方法は、現在の作品では一般的だが、アニメーションや映画が登場したばかりの頃は、単一の視点のショットのみでつくられていた。それは演劇の客席から舞台を見るような視点であり、そうした単一の視点による映像の空間は平坦なものだった。この作品の本編は四〇ショットからなるが、横からの視点が一九ショット、上からの視点が一五ショットあることによって、現実世界のような立体的な空間の印象が生み出されている。さらに、花婿が必死に花嫁を探し回る様子が、画面の外と内を素早く出入りすることよって示されており（ショット一〇、二八）、画面の外に広がる空間がさらに強調されてもいる。

このようにして、空間構成や編集方法を工夫することで、多層的な質感が際立つ映像がストーリーを牽引する作品となった。

『Pray for Japan』二分二〇秒

この作品は、東日本大震災をテーマとしている。グループの中の一名は、実際に東北でボランティア活動を行った。その学生は「悲惨な出来事だからこそ、寓話にして悲惨さを和らげ、観客に見てもらいやすくしたかった」と述べている。素材は、粘土、色紙、段ボール紙、ビニール袋が使われている。

ストーリーは次のようになる。ピンク色の蛇が、earth quake の文字を形作る。地球が現れ、東北沖がズームアップされる。海にはクジラが泳いでおり、海底には地震の虫が白い糸にくるまって眠っている。ある時、地震の虫が目覚めて暴れ出すと、地上で地震が起こり、津波が襲ってくる。地上の動物達は木の幹に乗って避難する

図5『Pray for Japan』

【図5】。すると鳥と風がやってきて、荒れ地に花を落とす。空からクジラがやってきて、潮を地上に吹き、その潮によって花や木が現れる。そして、地震の虫、犬、鳥、クジラが集合し、皆が仲良くなる。最後に約二〇〇〇粒の粘土が現れ、Pray for Japan の文字を形作る。

この作品で秀れているのは、タイトルを最後に示していることだ。冒頭では earth quake の文字のみを示すことによって、観客に「地震」の情報だけを与える。その後、東北沖をズームアップすることで、その地震が東日本大震災であることを示し、地震の様子と復興の夢を描いている。この「復興」という、現実では未だ実現されていない夢を物語ったのち、Pray for Japan のタイトルを示すことで、復興に対する真摯な思いを観客により強く訴えかける効果をもたらしている。

また、素早いモンタージュがストーリーを語っていることも重要だ。この作品は earth quake と Pray for Japan 以外の文字やセリフは無く、ほとんど映像と音楽のみで構成されている。しかし、地震の虫が海底で眠っているショットと白画面のショットの二ショットがワンセットで、二秒間で六回という素早いモンタージュで繰り返して示され、この後に地震の虫が目を覚まして地上に地震をもたらしている。つまり、地震の虫が目覚めていく過程を、素早いモンタージュという視覚効果で物語っているのだ。素早いモンタージュは基本的に、観客に眩暈の効果や、視覚的なショックを与える効果をもたらす場合が多い。しかし、本作品においては素早いモンタージュを、セリフを使わずに映像だけでストーリーを語る効果としても用いているのである。

『hate』三分十七秒

この作品は最も独自性が強い作品である。他の学生作品はおおむねポジティブで明るい作風だが、この作品は「hate（憎む）」というネガティブな感情をテーマに設定している。また、一コマ撮影によるアニメーション映像の割合が少なく、実写映像が多い。さらに音（セリフ、バックミュージック、効果音）を全く用いていない。音楽やセリフが無い静謐な時空間のなかで、「hate」の情感が象徴的に、あるいは直接的に生々しく描かれていく。

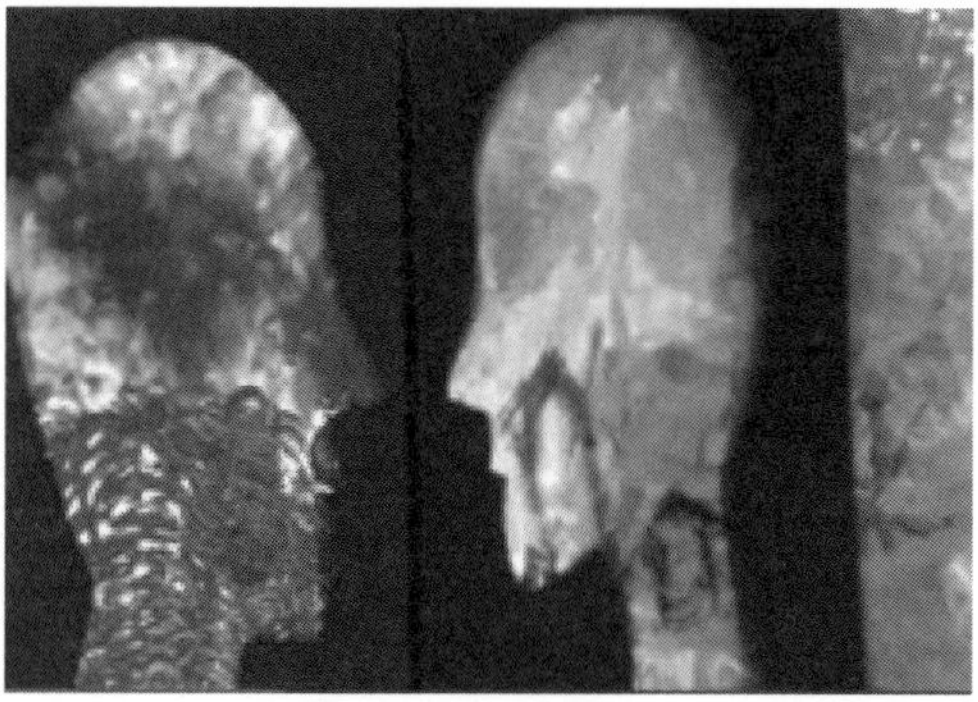

図6『hate』女と男

冒頭のタイトルのショットが、作品の内容を簡潔に示している。二体の人形が画面左下と右下に離れて寝ているが、この距離は二人の心理的な距離を表している。そこに「hate」の文字が血を連想させる赤い絵の具で書かれていく。文字が書かれている紙も皺だらけで、荒んだ雰囲気を加えている。

本編に入ると、まず粘土で作られた赤い心臓がバクバクと動いている。次に画用紙と絵の具で作られた赤い顔（女）と青い顔（男）が向かい合っているが【図6】、女が男に接近して男を外に押し出していき、女が男に強い感情を抱いていることが感じとれる。次に粘土で作られたピンクの棒（女）と水色の棒（男）が、次第に近づいて一体化することで男女の心身の交わりを

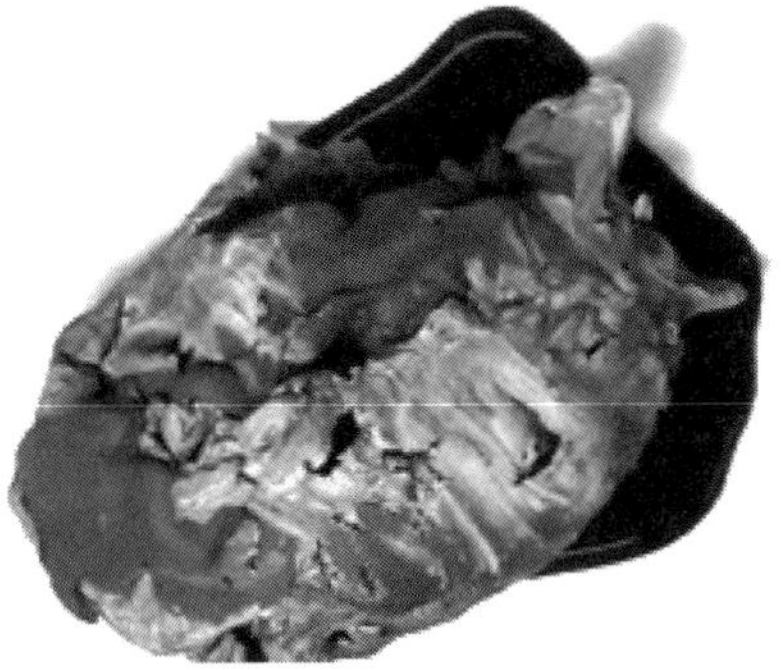

図7『hate』心臓と血

表す。しかし制作者の手が現れて男女を引き裂き、さらに男を細かく裂いて、女のみが残される。次に白い顔（女）が現れ、赤い血を連想させる涙を流す。青い顔（男）が現れるものの、男は女から離れていってしまう。粘土の脳の超クローズ・アップの短いショットが十ショット示される。そして冒頭に出てきた心臓が制作者の手によって壊され、その中から赤い水（血）が流れ出る【図7】。制作者の手がさらに心臓を鷲掴みにして破壊していき、さらに赤い水を払うように混ぜて、作品は終了する。

実写映像とアニメーション映像を併用してテーマを表現する手法は、ヤン・シュヴァンクマイエル作品の影響が伺える（授業中に参考映像として『対話の可能性』［一九八二］を上映した）。シュヴァンクマイエルの場合は実写映像やアニメーション映像だけでなく、カメラを素早く動かすスウィッシュ・パンのような運動を加えることによって、シュルレアリスムの思想を映像化している。本作品でもシュヴァンクマイエルのように実写映像、アニメーション映像や急速なズームイン・アウトを用いるが、いっぽうでシュヴァンクマイエルとは異なり、全く音を使わずに「hate」というテーマを見事に視覚化しており、独自性の強い作品となっている。

また、学生たちは幼い頃からCGによる実写映像とアニメーション映像の併用を見慣れている。野崎歓が「アニメか実写かという二項対立自体、考えなおす必要があるだろう」（野崎二〇一五、二一〇）と提言するように、今後の実習においても本作品のようにジャンルを越境するような作品制作を奨励していきたい。

『夢ボタン』三分五七秒

この作品は、人間の際限ない欲望を風刺的に描くものであり、写真映像が多いという特徴がある。人間の欲望をあらわす「夢ボタン」は3種類ある（金、食べ物、愛）。制作者の手が「金」のボタンを押すとドル紙幣の写真映像が大量に現れるといったように、たびたび写真映像がコラージュのように画面を埋め尽くす。また、制作者の手が登場キャラクターと同じように演技する点にも注目したい。制作者の手は登場キャラクターを制御する「神」のような手ではなく、登場キャラクターとして他のものと同等に扱われている。そのような制作者の手という登場キャラクターと写真映像が関わり合うことによって、人間の欲望を風刺する内容に、一定のリアリズムが確かに根づいている。素材はおもに色紙、写真、クレヨン、粘土が用いられている。

サーカスのテントのようなキャラクターが手を振っている【図8】。テントが幕を開けながらズームで大きくなっていき、テントの口に飲み込まれるようなかたちで画面が黒一色になる（これは初期映画の『大飲み』［ジェームズ・ウィリアムソン、一九〇一］を彷彿とさせる）。三つのボタンが出てくる。「$」のボタンを制作者の手が押すと、ドル紙幣が大量に現れて画面を埋め尽くし、制作者の手がドル紙幣を掻き集める【図9】。「パン」のボタンを制作者の手が押すと、ラーメンやハンバーグやケーキなど食べ物の写真が大量に現れて、食べ物を食べるキャラクターの顔が現れる。「ハート」のボタンを制作者の手が押すと、6人の美しい女性の写真映像がキスの音とともに現れる。しかし制作者の手が女性たちを触ろうとすると全員消えてしまう。再び3つのボタンが現れ、制作者が「WANT!!」、テントが「NO」と言い、制作者の手とテントの手が現れて互いに争い始める【図10】。ボタンは爆発し、怒ったテントは人間をテントから放り出し、バイバイと手を振って消える。「END？」の文字

図8　『夢ボタン』テントのキャラクター

図9　『夢ボタン』制作者の手

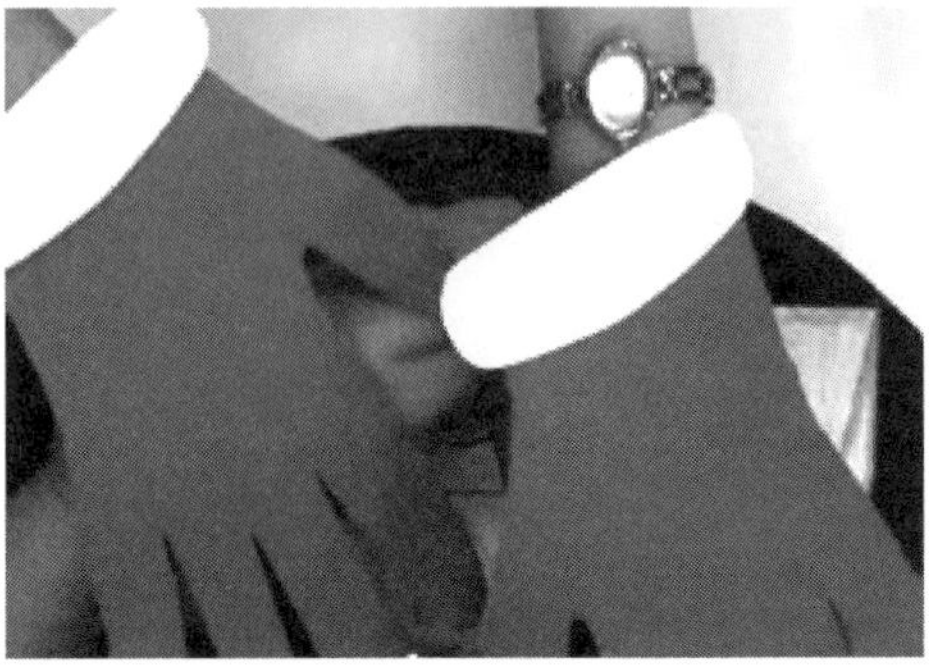

図10　『夢ボタン』制作者の手（テントと人間）

の後に再びテントが現れて、作品は終了する。

この作品は、制作者の手が演技をするという点が、これまでの学生作品と大きく異なっている。制作者の手のいっぽうは「人間」、たほうは「テント」を演じている。「人間」の手は、たとえば大量のドル紙幣が消えると、両手を裏返して「無くなった」という身振りをする。美しい女性たちが消えると、手を翻して驚きの感情をあらわしている。そして「WANT!!」「NO」の口論の後、これまで色紙で作られていたテントの手が制作者の手という実写映像で現れて、人間の手と喧嘩を始める（【図10】）。ここではテントが人間と同じ審級で描写されているため、テントがあたかも実在する生き物であるかのようなリアリズムが付与されている。このように制作者の手は、他の作品のように絶対的な力を持つ「神」の手としては現れない。制作者の手は登場キャラクターとして、多くの写真映像（ドル紙幣、食べ物、女性）とともに、人間の際限無い欲望に対して警鐘を鳴らしているのである。この作品は最も風刺が効いており、メッセージを効果的に発信する作品のひとつとなった。

4　おわりに

本稿では五作品を分析した。これらに共通して認められるのは、慣習に囚われない子どものような自由な発想と、大人の論理的思考が結びついて生み出された点である。サミュエル・テイラー・コウルリッジは、文学において「幼年時代の感情を持ち続け、大人として持つ能力の一つとすること、すなわち子供が備えている驚異や新奇さの感覚を……日常の風景と結びつけることは、天才《ジニアス》の特性であり特権である」と述べた（Coleridge 1983=2013: 80-81）。アンドレ・バザンは『不思議の国のアリス』やアンデルセン童話を指して、「真の児童文学の制作者たちとは、その想像力が子ども時代の夢と波長を合わせたままでいられるという特権をもつ詩人たちなのである」（Bazin 1975=2015: 81）と指摘している。このように名作の創造には「子ども」の要素が重視されてきた。ここでいう「子ども」とは、アンリ・ベルクソンが「子どもは探求者であり、発明家である。したがっていつでも新しいものを待ちうけていて、規則には我慢できない。子どもは大人より自然に近いのだ」と述べるような(Bergson 1934=2013: 117)、自由な創造者として楽観的に捉える子ども観である。学生たちは大人の論理的思考によって仲間と円滑にコミュニケーションを構築し、作品の骨組みを構成しながら、日常の事物に新たな側面を見出す（子どものような）豊かな発想を効果的に加えて、作品としてまとめ上げているのである。

学生は授業後に毎回コメントを提出しており、授業で取り組んだこと、今後の課題、感想などを書いて、授業を振り返る作業を行なっている。そうしたコメントには「楽しい」「集中して制作できた」「自由に表現できて嬉しい」といったものが少なくなかった。本実習は、アニメーション作家の故相原氏のアドバイスにより、学生が遊びの心を持ちながら制作に集中できる環境を整えたが、こうした「楽しい」授業環境は、アニメーション制作という根気を要する面倒な作業を学生が継続しうる一助になったと思われる。また、「座学はあまり好きではない」と発言した学生がおり、その学生は確かに筆者の講義形式の授業では成績が芳しくなかったが、本実習では楽しみながら真面目に取り組み、非常に優れた作品を制作した。座学では見過ごされがちな学生の実力の一端を見出せる点においても、本実習の意義が認められるだろう。

そして本稿の主要な問いは、「メディア・リテラシー教育におけるアニメーション制作にはどのような授業が効果的なのか」である。まず、学生にとって本実習は、自分の身の回りにある事物や出来事、現実に縛られない頭の中のイメージを含む全ての自己の経験を具現化するということだと言える。適切に整備された実習環境の中で、自己の想像力を発揮して作品を制作することによって、友人達に評価され、世界中の人々からYouTubeにアクセスしてもらえる。こうした時に、メディア・リテラシー教育におけるアニメーション制作の効果が生まれると考えられる。

また、「実験性と普遍性の連携」も重要である。評価のひとつの指標である「実験性」については、いずれの作品においても一定の実験性が認められた。一般的なスタイルを避けて自分たち独自のスタイルを構築しようとする姿勢が、すべての作品において見られる点は高く評価したい。ただし実験的な要素が多ければ良い作品にな

ると は限らない。実験性が強いだけでは観客の理解を得られにくく、実験性と普遍性が結びついて初めて多くの観客にメッセージが届くからだ。そのように観客の理解を助ける普遍性を保ちつつ、実験性や想像力が効果的に示された作品が、優れた独創的な作品となっていた。学生が実験性と普遍性のそれぞれの特徴を理解して連携させ、独創性が高く、かつメッセージが観客に理解されるような作品を作ることが、メディア・リテラシー教育における効果的なアニメーション制作となるのではないだろうか。

なお、経済産業省は二〇〇六年から「社会人基礎力」の育成を提唱している。「社会人基礎力」とは「前に踏み出す力」、「考え抜く力」、「チームで働く力」の三つの能力（十二の能力要素）から構成されており、職場や地域社会で多様な人々と仕事をしていくために必要な基礎的な力と定義されている。[4] さらに十二の能力要素とは、①主体性②働きかけ力③実行力（①②③が「前に踏み出す力」）、④課題発見力⑤計画力⑥創造力（④⑤⑥が「考え抜く力」）、⑦発信力⑧傾聴⑨柔軟性⑩状況把握力⑪規律性⑫ストレスコントロール力（⑦～⑫が「チームで働く力」）となっている。以上のような能力は、本実習のようなアニメーション制作でも培われていくものである。初対面の学生同士が互いの意見を率直に述べられるような人間関係を作って「チームで働く力」を築き、そのうえで作品の骨子を論理的に構成する「考え抜く力」を培い、円滑な人間関係のなかでこそ生み出される自由な想像力を「前に踏み出す力」で具現化し、オリジナリティがあり、メッセージが観客に届く優れた作品を完成させる。このように本実習において「社会的基礎力」が培われる意義を今後は明確に伝えて、学生のモチベーションを高め、実習の効果をさらに向上させていきたい。

付記

本実習の設備や指導方法を決めていく際、アニメーション制作教育に携わる四名の専門家のアドバイスを受けた。京都造形芸術大学の故相原信洋氏、東京造形大学の小出正志氏、成安造形大学のヨシムラエリ氏および日野馨氏は、いずれも芸術系の大学で教鞭をとるが、初心者向けのワークショップ等の活動も行なってきた。また神戸芸術工科大学のしりあがり寿氏からも、「ゆるめ~しょん」など映像制作を手掛けてきた経験にもとづくアドバイスを受けた。国際日本文化研究センターの大塚英志氏の研究会ではたびたびマンガ、アニメーション、絵本等のワークショップが報告され、貴重な示唆を得た。このように多くの方々から初心者向けのアニメーション制作方法の情報を得られたことは、本実習にとって非常に有益であった。そして本学視聴覚事務室の三輪谷賢司氏と吉村健一氏には、映像制作会社の見学から機材の選定、機材のトラブル対応まで、多大な助力を得ている。この場を借りて皆様に感謝申し上げたい。

注

1 関西大学HP「実習紹介　制作実習（マルチメディア）」
http://www.kansai-u.ac.jp/Fc_inf/today/practical/index.html（二〇一八年三月二一日確認）

2 ポール・ウェルズは実験的なアニメーションの特性として以下をあげている。①抽象、②明確な非連続性、③多様に解釈しうる形、④物質性の展開、⑤多様なスタイル、⑥作家の存在、⑦音楽性のダイナミクス (Wells, 1998: 36)。

3 「CLAYTOWN」は販売が終了しており、最近のカメラやパソコンに対応できない。二〇一八年度からソフトは

「iStopMotion」や「DRAGONFRAME」に変更し、パソコンとカメラもソフトに対応する機種を導入する予定である。

4　「社会人基礎力」経済産業省HP http://www.meti.go.jp/policy/kisoryoku/（二〇一八年三月二日確認）

参考文献

Bazin, André, 1975 = 2015, 野崎歓・大原宣久・谷本道昭訳『映画とは何か（上）』岩波書店

Bergson, Henri, 1934=2013, 原章二訳『思考と動き』平凡社

Coleridge, Samuel Taylor, 1983=2013 東京コウルリッジ研究会訳『文学的自叙伝　文学者としての我が人生と意見の伝記的素描』法政大学出版局

Wells, Paul, 1998, Understanding Animation, London and New York, Routledge

岩井俊雄　二〇〇七『いわいさんちのリベットくん』紀伊國屋書店

野崎歓　二〇一五『アンドレ・バザン　映画を信じた男』春風社

佐野明子　二〇〇五「ヤン・シュヴァンクマイエル『J・S・バッハ——G線上の幻想』分析　アニメーションと実写の相補関係」『アニメーション研究』六（一A）、一三—二二頁

——　二〇一二「メディア・リテラシー教育としてのアニメーション制作の実践」『桃山学院大学総合研究所紀要』三八（一）一四五—一六六頁

——　二〇一五「メディア・リテラシー教育としてのアニメーション制作の実践（二）」『桃山学院大学総合研究所紀要』四一（二）三五—五二頁

竹内泰人　二〇一一『つくろう！　コマ撮りアニメ』ビー・エヌ・エヌ新社

読書案内

① 竹内泰　二〇一一　『つくろう!コマ撮りアニメ』ビー・エヌ・エヌ新社

初心者にもわかりやすい解説で、コマ撮りアニメの入門書として最適。

② 山村浩二　二〇〇六　『アニメーションの世界へようこそ』岩波書店

世界の様々なアニメーション作品が、豊富なカラー図版で紹介されている。

第八章　映像制作による対話的コミュニケーション
映像・人類学・教育

南出和余

1　グローバル社会における人類学

グローバル化が進行する現代社会において、人びとの移動と情報の流通はこれまでに類をみないスピードで進んでいる。グローバル社会を生きていくうえでは、文化的背景が異なる他者との相互理解や交渉が不可欠とされ、またインターネットの発展にともなって、錯綜する情報をいかに読み解くかという能力「メディアリテラシー」も重要視される。さらに情報を読み解く力としてのメディアリテラシーの必要性に加えて、デジタル化以来、映像は一般の者にも使い得る表現媒体として注目される。つまり映像は、情報の双方向ツールであり、自他理解におけるコミュニケーション媒体となっている。

序章で述べたように、「メディア学」はその範囲があまりに広く、あらゆる対象を含みうるがゆえに、反って学問的背景をとらえきれないという問題がある。しかし、現代社会の要請に各学問領域がどのように応えうるかを意識したとき、各領域がいかなるメディア学を展開しうるか（いかなるメディア教育を展開しうるか）が自ずと明らかになる。本章では文化人類学の立場からメディア教育の可能性を考えたい。異文化理解や文化表象あるいはアイデンティティといった問題を専門としてきた人類学には、グローバル化する現代社会からの要請に応えうる可能性が大いにあると考える。そして、他者との関係性構築とコミュニケーションという観点から映像教育に期待を寄せるならば、それは人類学実践そのものである。本章では、とくに「映像人類学」の議論に依拠しつつ、筆者が実践している映像教育実践を紹介しながら、人類学的議論と映像制作の接点に「対話的コミュニケーション」を促しうる可能性を見出したい。

2　人類学と映像

「関係性」の議論

「映像はいつも人類学に影のように付きまとっていた」（箭内 二〇一四、七）という言葉の通り、人類学者たちは、本格的なフィールドワークを開始した当初から写真や動画での撮影を駆使してきた。マリノフスキ［一九二二］が写真を用いて行ったトロブリアンド諸島でのフィールドワーク（箭内 二〇〇八）や、ベイトソンとミードが調査に活用したバリ島とニューギニアでの写真と動画記録（Batson, Mead 1942）などは有名である。初期の頃の人類学者たちは、対象を捉える媒体として映像を活用し、映像による分析を行い、そして民族誌のなかで写真による証明を試みた。しかし、箭内（二〇一四、四）が言及するように、第二次大戦後は「映像人類学」が専門化するにつれて、専門化が逆に映像人類学を、人類学全般を覆う議論から人類学の一分野へと特化させた。ジャン・ルーシュやジョン・マーシャルといった映像人類学の先駆者たちは、技術的にも内容的にも「民族誌映画」という手法を追求し、映像人類学の基礎を確立させた。その過程で彼らが積み上げてきた議論は、撮影者と被写体との関係性やカメラ（人類学者）の存在といった議論が主で、それらは同時に、インフォーマントと調査者の信頼関係や「厚い記述」というような、人類学全般に投げかけられて然るべき議論でもあった。ただ、フィルムカメラという誰でも手にできるわけではない高価な機材や技術の側面が、映像実践を一部の人類学者に限られたものという認識へと導いた。

「今日、人類学と映像との関係は明らかに新たな転換期を迎えている」(箭内 二〇一四、八) と言われるように、デジタル化による技術革新によって、多くの人類学者が手軽に映像を用いる機会が訪れた。さらには、人類学教育のなかで学生でも映像制作が可能となったのである。もはや民族誌映画は訓練を受けた映像人類学者だけによって作られるものではなく、人類学を志す誰もがツールとして映像を活用できるようになった。そのなかで、映像人類学が培ってきた関係性の議論は、再確認され、人類学全般ひいては人類学的感覚を用いて(人類学を超えて) 他者理解やコミュニケーション能力を養う教育プロセスに一石を投じるチャンスを迎えている。

「映像による人類学教育」から「映像人類学の教育」へ

映像人類学の先駆者たちは、人類学教育一般をより効果的に進めるための映像コンテンツの制作にも従事してきた。アメリカでは一九六八年にジョン・マーシャルやティモシー・アッシュによって「ドキュメンタリー教育素材 (Documentary Educational Resources : DER)」が設立され、世界のさまざまな人びとや文化を捉えた映像コンテンツを制作配給している。DERが配給している映像には、作品として議論しうる完成した民族誌映画だけでなく、ある社会の営みの断片を各々短編作品としてまとめたものもある。例えばジョン・マーシャルの作品には、《狩猟者たち (Hunters)》のように包括的に当該社会を捉えようとした長編民族誌映画もあれば、《冗談関係》や《結婚についての議論》のように、各営みを詳細に捉えた短編作品群もある。これらは具体的事例をもとに抽象的議論が繰り広げられる人類学教育の現場において役立てられることが想定された。日本でも同様に、国立民族学博物館には一九七七年の開館当時から「ビデオテーク」と呼ばれる映像展示が常設され、そのコンテンツは映像人類学者の大森康宏を中心に、人類学者たちによって制作されてきた。博物館という一般に開かれた場において、人びとに世界の民族と文化を映像によって提示してきたのである。このように、「映像で人類学教育する」ことは比較的早くから取り組まれ、その意味では映像は人類学教育を支えてきたといえる。

では「映像人類学を教育する」という取り組みはどうか。前述のように、フィルムの時代には高価な機材や特別な技術訓練を要したため、学生に民族誌映画を作らせることには限界があった。また教育する人類学者たちの側にも、自ら映像を用いて研究する者は限られていたため、経験的に映像人類学を伝達できる者は少なかった。フランスのジャン・ルーシュや、アメリカではジョン・マーシャルやロバート・ガードナーらが大学院教育において一部映像人類学者を育てていたが、日本では映像人類学を学ぶ機会は長らく皆無であった。一九八〇年代に8ミリビデオが登場し、それまでのフィルムに比べると一般の人びとの手にも届きやすくなった。その頃に大学における映像人類学教育を試みようとしたのが牛島巌である。しかし牛島は、当時の映像人類学教育の限界と課題として三つの視点を挙げている（牛島　一九八七、一―一八）。一点目は、教育する人類学者自身に映像に対する尻込みと偏見があり、まずはそれを払拭することの必要性である。二つ目は、既存の民族誌映画を系統立てて見せることで、映像の中に文化の真髄を発見する目を養う必要があるが、そもそも日本で入手可能な民族誌映画が限られていることであった。そして三つ目は、学生に映像制作を実施させることの重要性である。

牛島の挙げる三つの課題に対して、二番目と三番目については、一九九〇年代半ばのデジタル化を機に革新的な変化がもたらされる。ＤＶＤの登場やインターネットによる情報共有が進むと、二番目の系統立った民族誌映画の視聴が格段に容易になった。また、まさに本章で議論する映像制作は、デジタルビデオカメラの登場によるカメラの小型化と低価格化、パソコンでの映像編集によって、学生にも可能となった。そうした状況変化のなかで、国立民族学博物館で民族誌映画制作を担ってきた大森が二〇〇一年に開始した映像合宿「総研大レクチャー」は、ようやく日本での映像人類学教育を本格化させた。

3 人類学を基盤にした映像教育実践

映像制作による経験的メディアリテラシーの獲得

冒頭で述べたように、社会からの要請のなかで人類学に課せられた教育役割は大きいものと考える。本節では、映像制作がいかに「人類学実践」であるかを意識しながら、筆者の映像教育実践について紹介する。なお、筆者が実施している映像メディア教育全体については（南出 二〇一三）で紹介しているが、本章では特に「映像制作実習」の事例から考えたい。また、学習者に向けた映像制作の流れについては、映像制作実習のテキスト（南出、秋谷 二〇一三）を出版している。

「情報を読み解く」あるいは「メディアを介して社会を読み解く」という場合、私たちは、対象と「わたし」の間に、対象を「情報」として提示するもの（メディア）が介在することを意識的にも無意識的にも了解している。それは、口承、文字、映像というさまざまな形式をもつが、映像メディアは他のメディアに比べて情報が多面的であるため、受け手はより直接的な錯覚を持ち、反って鵜呑みにしがちになる。そこで、映像メディアを読み解くときに留意すべきポイントは、被写体と視聴者の間を橋渡ししている「撮影者」の存在である。撮影者がどのような立場や意図でその対象を捉えているか、また何を言わんとしているかに意識をやることによって、メディアに対する客観性が生まれる。この撮影者の存在や意図を経験的に学ぶ方法として、映像制作体験が有効であるとされる。実際に学習者自らが対象を設定し、カメラを向けて、撮影した映像をまとめて発表するという過程を通して、普段目にしている映像メディアの構造を経験的に知ることができるのである。これらは映像制作における企画、撮影、編集というプロセスを意味するが、基本的には人類学者が、テーマを決めて既存の情報や先行研究を調べ、フィールドワークを実施して、そこで収集された情報をもとに民族誌を書く過程とさほど変わらない。

企画・撮影・編集・上映

では、映像制作の「企画」「撮影」「編集」そして「上映」の指導手順を述べたい。

人類学者が社会の中からテーマを発掘するのと同様に、映像制作におけるテーマは社会の中にあり、撮影者の関心から探す。そのテーマについて情報収集を行い撮影の計画を立てるのが「企画」である。「民族誌を書く」ことと「民族誌映画を作る」ことの違いをあえて挙げるならば、映像の場合には、撮影していない事象は後から付け足すことができないということだろう。そのため正確には「撮影＝フィールドワーク」ではなく、企画段階である程度の事前調査が必要となる。映像制作では「ロケーションハンティング」などとも呼ばれる。

その過程で、被写体となってくれる人との交渉も重要である。人類学者にとってインフォーマントとの関係が生命線であるのと同様に、映像制作においても被写体となってくれる相手との出会いと関係が何より重要となる。映像撮影の場合、相手と自分のあいだにカメラが存在することは、「あなた」と「わたし」の個の関係のもとで展開される交渉が記録として残り、ひいては公になることを含意している。相手は「わたし」を受け入れるだけでなく、共有された瞬間がカメラを介して記録され、公開されることも同時に受け入れてくれるのである。そのような相手の許可がなければ、次の撮影段階には進めない。

企画で撮影内容の青写真が描ければ、次は撮影である。デジタルカメラの進化によってカメラの操作はきわめて簡単になり、最低限の技術の修得にはそれほど時間がかからなくなっている（南出 二〇一三、九一―一〇九）。むしろ撮影において留意すべきは調査倫理や撮影倫理、肖像権や著作権といった問題だろう（南出・秋谷 二〇一三、一七―三五）。また、企画の段階でどれほど下調べをして入念に計画を立てても、必ずしも企画通りに撮影が進むわけではない。撮影が企画通りに進まなかったときに、いかに臨機応変に対応するかが問われる。この対処能力によって撮るもの撮らないものが決まり、上記に述べたように、後から同じ場面を撮り直すことがほぼ不可能であるという点において、映像は撮影者の対処能力をそのまま示すことになる。また、被写体が人間である場合、カメラが存在することによって被写体は撮られることを意識し、時には撮って欲しい場面を積極的に提示してくることがある。被写体が示したい（演じたい）姿と撮影者が撮りたい姿が異なった場合の交渉も重要である。被写体が希望する姿をそのまま受け入れてしまうと単なる「カメラ屋さん」になるし、逆に、撮影者の意図で無理やり撮るのも相手を捉えたことにならない。映像はこの交渉の過程で紡ぎだされ、被写体と撮影者の関係を記録することに

写真１：撮影（取材）の様子

写真２：編集作業の様子

なる。

次に、撮影を終えた映像は、まず「カット表」と呼ばれる紙面にすべて書き出して一覧を作る。その作業を通して何が写っているかを確認するとともに、紙面上で構成を考える。企画書と照らし合わせながら、撮影された素材が全体をいかに構成するか、全体として何を表現しているかを総体的に考える。もちろん作品の流れは撮影の時系列どおりでなくてよい。作品を見たときに視聴者が理解できるよう先に提示しなければならない情報や、どのようにストーリーを展開するかを考える。このプロセスを通して、撮影者は視聴者の視点を想像しながら、映像を通して伝えること、コミュニケーションを図ることを意識する。

紙面上で構成したら、撮影した映像のうち必要な素材をパソコンに取り込んで、タイムライン上に作品の流れを展開する。映像の非言語的力を学ぶために、筆者が実施する映像制作教育では、言葉（ナレーションや字幕による説明）にできるだけ頼らずに、撮影された映像と録音された音声のみでいかに作品を構成しうるかを試みている。そのため、言葉を使わずに映像によってストーリーテリングをするための方法を促す。例えば、言葉に接続詞があるように、映像を繋ぐ際にもつなぎ目がスムーズに展開されるように編集する。また、映像は場面から場面への移動によって時空間を飛躍するが、その間に大きな開きがあることを示すためのトランジションの編集も行う。これらは、人びとが日ごろ無意識にマスメディアを介して理解している映像の「文法」といってよい。カット表への書き出しから並び換えて間を繋ぐ作業は、フィールドで得られたデータをＫＪ法[1]で整理して論文を構成する作業と似ている。しかし、前述のように、論文執筆においてはカードを並べてみることで初めて導かれうる「発見」の部分が、映像では撮っていなければ後では足せないという難しさがある。

筆者が実施している映像制作実習では、こうして編集した映像を、字幕を付ける前に一度クラスのなかで仮上映し、映像のみで作品の内容と意図が伝わるかどうかを検証する。全員が制作に取り組んでいる中での議論であるため、細部に至るまで相互に気づきが得られる。学生たちはこの検証を通して「伝える」ことをさらに意識するようになる。この検証段階での議論が活発なほど、作品の完成度は高くなる。

完成した作品は、まずは被写体となってくれた人のところに持っていく。企画段階で撮影の許可をとるが、被写体となってくれる人も自分がどのように撮られるか分からないし、撮る側も最終的にどのような作品になるかは編集を終えるまで分からない。したがって、公開を許可してもらうための「肖像権に関する覚書」（南出、秋谷二〇一三、二九）は、完成作品を確認してもらったうえで交わす。その段階で同意が得られなかった場合は問題点を明らかにして編集で対応できる箇所は対応し、全面的に無理な場合は公開を諦めざるを得ない。これまで実習を実施してきたなかでは、作品をインターネット上で公開することを断られたケースは数件あるが、幸いに、上映そのものを断られたケースはない。

被写体の許可が得られたら、公開の場で上映を行う。公開の範囲は学内から学外へ、また制作者が居合わせる場から、例えば当該学生の卒業後に担当者が後輩学生たちに見せるなどといった、制作者の手を離れた場へと広がる。さらに不特定多数の目に触れる場が、インターネット空間である。制作者の学生たちは、制作過程を通じて作品への思い入れが次第に強くなるからか、完成した作品の公開を望む傾向にある。

学生たちは、被写体と撮影者の関係において、自ら作った作品をそこに写っている被写体が見てどう思うか、気分を害したり怒らせたりしないかと気を遣う一方で、制作者と視聴者の関係においては、上映会やインターネット空間で自作の映像作品に視聴者が興味を持ってくれることを願う。この「被写体――撮影者――視聴者」の関係のバランスこそが、学生たちにとって日常的に触れている映像メディアの構造、映像の力や暴力性への実体験的気づきに繋がるのである。学生たちの場合、視聴者の反応を期待しつつもそれが一次目的ではないため、被写体との関係のほうが重視されがちである。

4　映像制作から知る若者の視点

内向的関心と他者への共感的理解

異文化への洞察が自文化の客体化をもたらし、自文化を知ることに繋がるのと同様に、映像制作の過程は、上記に述べた関係性の確認と構築をもたらすだけでなく、制作者に自らの関心と交渉可能な範囲を自覚させる。筆者がこれまでの八年間（二〇一〇年～二〇一八年）に担当した映像制作実習（一年間に三〇回）とゼミ（三―四年生の二年間で計六〇回）での卒業制作を通して、一〇一作品が完成し、のべ二〇一人の学生が映像制作を経験した。作品は、一人から三人までのグループごとに、一〇分から二〇分程度に仕上げられている（巻末「学生制作映像作品一覧」参照）。これらの作品からは、制作者である大学生たちの関心の一端を垣間見ることができる。そのことは、彼ら彼女らに自らの関心と他者との関係構築を自覚させるとともに、教育実践が、教育する側の者に学習者についての理解を促し、ひいては人類学者と学習者（社会からの需要）の結節点にもなりうるものと考える。

映像制作では、撮影によって具現化するという意味ではより具体的な対象が設定されなければならない。また対象に関わらずにただ傍観して撮影するのでは作品にならず、対象に直接交渉し、受け入れてもらうことが不可欠となる。そうした具体的かつ自らが関わりをもてる対象を設定するという点において、映像制作からは、学生たちの「手の届く範囲」の関係と関心を知ることができる。「手の届く範囲」とは、たとえば、いくら芸能人に関心があるからといって芸能人を撮影しようというのはほぼ不可能である。従って、「頑張れば手が届く範囲」での彼ら彼女らの関わりを知ることになる。二〇一一作品のうち約三割の作品が、映像制作を機にそれまで関わりのなかった相手に取材を試みた作品であった。また他の四割は友人や仲間を対象とした作品で、残りの三割はグループの中のメンバー（自分）や家族を捉えた作品であった。現代の若者たちが内向的と言われることが約六割の作品群からも見られるが、取材を試みた三割の作品群には「手を伸ばす」努力が見られる。その対象は観光地や伝統文化に関するものが多く、次にラジオや映画館等のメディアに関する対象であった。[2] 一方、友人を対象とした作品では、特徴的な取り組みをしている友人や他よりも頑張っている何かがある友人を捉えている。

次に、対象を「どのように」見ているかについては、多くの作品が対象を肯定的に捉え、視聴者に対しても共感を提示しようとしている。対象が取材によって新たに出会った相手でも身近な友人や家族でも差はほとんどなく、相手に肯定的な価値を見出そうとする。他者への関わりが直接的であればあるほど、相手を受け入れ、できるだけ衝突を避けるという傾向があるのかもしれない。まずは相手に撮影を受け入れてもらうということを考えた時点で、「受け入れて協力してくれる人」という肯定的な姿勢で向かうということも関係しているだろう。あるいは、相手に同調して共感し、それを第三者の視聴者に対しても肯定的に示すほうが、問題を指摘するよりも制作者自らが楽しく楽なのかもしれない。インターネット上での「炎上」（平井 二〇〇七）とは対照的である。

オンラインとオフラインの狭間で築かれる対人関係[3]

現代の若者たちをとりまくメディア環境は、新聞でもテレビでもなく、インターネットを中心に構成されている。しかも、ある一定の空間でパソコンと向き合うのではなく、常に持ち歩く携帯端末でアクセスし、他のことをしながら交信する状態が通常化している。この「どこにいても繋がる」ことが、人と情報への向き合い方に少なからず影響をもたらしていることは容易に想像がつく。「ブログ炎上」のメカニズム（平井 二〇〇七）や「ソーシャルメディア」における名乗りと匿名性の問題（折田 二〇一三）など、ネット上でのコミュニティ形成と双方向的コミュニケーションツールとして築かれる対人関係は、それまでの顔と顔を合わせた関係とは明らかに異なる特徴をもっている。例えば、インターネット上での「ブログの炎上」について検討する平井は、ブログ炎上を招くメッセージはおおよそ、①反社会的行為の吹聴、②評価が曖昧な社会的争点についての意見、③特定の対象への誹謗中傷、④やらせブログ、の四つからなるという（平井 二〇〇七、五二―五三）。そして、オンライン上のコミュニケーションにおいては限られた社会的合図のもとで社会性が減退し、そこに匿名性もあいまって、脱抑制的な振る舞いが起こることを指摘している（平井 二〇〇七、五〇―五一）。またインターネット上の「規範」は、ときに共有の範囲が特定集団を超えてしまうため、意図せず他者の規範に触れてしまうことも原因になると述べている（平井 二〇〇七、五三）。では、若者たちの映像制作から、彼ら彼女らのオンラインとオフラインの対人関係についてどのような傾向を読み取ることができるだろうか。

前節で述べたように、学生たちの作る映像は、対象に対して肯定的かつ共感的である。被写体と撮影者という関係においてはオフラインで「あなた」と「わたし」が直接向かい合うことを必要とする。そして、制作者にとって映像作品は、映像の中に自らが登場するかしないかに関わらず、そこに被写体と自らの視点が露呈されるという点においては「名乗り」そのものである。一方、映像作品がネット上で公開された場合、今度は制作者と視聴者の関係はオンラインで展開される。学生たちにとって、インターネットが情報伝達とコミュニケーションの中心をしめる環境で、映像制作を通して自らのメッセージを発信しようとするとき、「炎上」を避けようという意識がどこか働くのかもしれない。学生たちの作品が常に対象に対して共感的で、意見が分かれうるような問題を扱うことがないのは、そうしたネット社会に対するある種の自己規制や萎縮があるのではないだろうか。被写体となってくれる人びとが、上映会の場での上映は許可するがネット配信は許可しないということも同様の文脈から推測できる。

5　おわりに

デジタル化によって一般の人びとにも身近になった映像制作ではあるが、同時に映像制作は、「デジタル時代のアナログコミュニケーション」であり、社会との対話的コミュニケーション力を養いうるものである。映像制作においては、対象と向かい合い、対象に受け入れられることなくして撮影はできず、また編集を通して作品には撮影者自身の人物像やまなざしが強く反映される。そして、その作品を公開することによって、自分が対象をどう見ているかが、相手（被写体）と第三者（視聴者）に示される。この行為は人類学実践そのものであり、映像制作を通して人類学実践の過程が文字通り「可視化」されるのである。

さらに、インターネットという開かれた空間では見ず知らずの他者から、よきにつけ悪しきにつけ反応が寄せられる可能性があり、そうなると「仲間に分かってもらえればそれでいい」とはいかない状況に曝される。まずは企画で、仲間内を超えた人びとにも関心を持ってもらえるようなテーマを想定しなければならず、この段階で学生たちは自らの日常生活範囲を一歩出るか、もしくは日常生活のなかに外部の他者とも共有しうるテーマを探す。次に、作品を介して投じられるメッセージは、ネット上の見知らぬ他者の「規範」に触れることへの恐れからくる萎縮を含む傾向もあるが、できるだけ多くの人に届けるためにはある程度の普遍性を持たなければならない。この点においても、特定の集団についてのフィールドワークで得たデータを基に「民族誌」を書くという人類学行為と似ている。

このように、映像教育の現場では、制作のプロセスを通じて、他者との関係構築やコミュニケーションを意識し、その可視化を促す。グローバル化する社会のなかでの他者理解において、人類学が教育現場でいかに貢献しうるかを考えたとき、またフィールドワークをどう教えるかを考えたとき、人類学者たちは経験的にそれを語ることはできるが、その経験が個々人によって異なるがゆえに、それを教授法として提示することにはしばしば困難をともなう。この点において、映像教育は、人類学教育の一手法として方法論を提示することができるのではないだろうか。そして、現代社会を生きるうえで不可欠なメディアリテラシーを経験的に修得させるのみに留まらず、人類学の立場からの映像教育は、オンラインでもオフラインでも、対話的コミュニケーションを通じた相互理解を促進させうるものと考えている。

注

1　ＫＪ法とは、文化人類学者の川喜田二郎によって考案された、カードを用いた調査データ整理法である。川喜田二郎のアルファベット頭文字をとってＫＪ法と命名されている（川喜田　一九六七）。

2　二〇一七年度集中講座（授業一五回分）に限っては時間的制約のため開講前に予め担当者が被写体となってくださる方々に交渉をした。さらに同集中講座での取り組みにおいては「映像で地域と繋がる」という全体の大枠テーマを設定した。

3　「オンライン」はインターネット上でネットワークに接続されていることを意味し、「オフライン」はその対義語としてインターネットに接続されていない状態を意味するが、ここでは特に直接的コミュニケーションとして「オフライン」を用いている。

参考文献

牛島巌　一九八七「日本の大学における映像人類学の現状」『族』3:1-18
大森康宏　二〇〇八「映像人類学から映像アーカイブズへ」『総研大ジャーナル』一三、四〇―四三頁
折田明子　二〇一二「ソーシャルメディアと匿名性」『人工知能学会誌』二七（一）五九―六六頁
――――　二〇一三「日常生活で利用するSNSでみられる名乗りについて」『情報処理学会研究報告』一―六頁
川喜田二郎　一九六七『発想法』中公新書
平井智尚　二〇〇七「インターネットにおける『ブログ炎上』に関する一考察――コミュニケーション状況を取り巻く規範の概念を手がかりとして」『社会学研究科紀要（慶應義塾大学）』六四、四九―六〇頁
南出和余・秋谷直矩　二〇一三『フィールドワークと映像実践――研究のためのビデオ撮影入門』ハーベスト社
南出和余　二〇一三「映像を介した異文化理解教育の可能性――映像人類学の見地から」『桃山学院大学総合研究所紀要』

三八（三）七五―九三頁
――――二〇一四『「子ども域」の人類学――バングラデシュ農村社会の子どもたち』昭和堂
――――二〇一五「映像から読み解く若者の関心――表現媒体としての映像教育の可能性」『桃山学院大学総合研究所紀要』四〇（三）一九七―二一四頁
村尾静二・箭内匡・久保正敏編著　二〇一四『映像人類学（シネ・アンスロポロジー）――人類学の新たな実践へ』せりか書房
箭内匡　二〇〇八「イメージの人類学のための理論的素描――民族誌映像を通じての「科学」と「芸術」」『文化人類学』七三（二）一八〇―一九九頁
箭内匡　二〇一四「序章　人類学から映像-人類学へ」、村尾静二・箭内匡・久保正敏編著『映像人類学（シネ・アンスロポロジー）――人類学の新たな実践へ』せりか書房、七―二六頁
Bateson, Gregory, Margaret Mead 1942 (2001) Balinese Character: A Photographic Analysis. The New York Academy of Science（『バリ島人の性格――写真による分析』外山昇訳、国文社）
Malinowski, Bronisław Kasper 1922 (2010) Argonauts of the Western Pacific（『西太平洋の遠洋航海者』増田義郎訳、講談社学術文庫）

読書案内

① 村尾静二・箭内匡・久保正敏編著　二〇一四『映像人類学（シネ・アンスロポロジー）――人類学の新たな実践へ』せりか書房

人類学において映像を用いることの意義、映像（映画）による人類学実践の可能性を、これまでの蓄積と現在の挑戦を踏まえて論じている。巻末の著名な映像作品解説も含め「映像が社会をどう捉えてきたか」をじっくり考えることができる。

② 山中速人編　二〇〇二『マルチメディアでフィールドワーク』有斐閣

フィールドワークにおける観察、インタビュー、アンケートなどの手法および、録音、写真、映像、地図といったさまざまなメディアを用いた記録と成果報告について、八人のフィールドワーカーが経験を踏まえて具体的に提示している。

③　南出和余・秋谷直矩　二〇一三『フィールドワークと映像実践――研究のためのビデオ撮影入門』ハーベスト社

映像を用いたフィールドワーク調査の方法について、研究倫理の問題からカメラワークなどの技術にいたるまでを解説している。初めてカメラを片手にフィールドワークに出かける人向け。

【コラム5】ソーシャル・メディアの関係性

木島由晶

「ソーシャル・メディア」という言葉には二重の不気味さがある。ひとつは、メディアは元来ソーシャルなものであったはずなのに屋上屋を架す表現がなされていること。もうひとつは、ソーシャルな側面が強調されるにもかかわらず、さほどソーシャルには活用されてこなかったことだ。とすれば、いったい何をもって「ソーシャル」と言いうるのか。インターネットが便利になったことで、私たちはどれだけ社会的に生きているのだろうか。

インターネットに感じる不安

総務省の定義によると、ソーシャル・メディアとは「ブログ、ソーシャルネットワーキングサービス（SNS）、動画共有サイトなど、利用者が情報を発信し、形成していくメディア」とある。Twitter、Instagram、LINEはもちろん、食べログのようなユーザーがレビューするサイトや各種オンラインゲームなどもソーシャル・メディアに含まれる。それが文字であれ音声であれ映像であれ、①（新聞記者やアーティストといった特別な立場の人ではなく）個人の情報発信が手軽におこなえること、②情報は（一方通行ではなく）双方向的にやりとりされ、外部にも広く拡散する可能性があることのようである。

ソーシャル・メディアがこのような特徴をもつとすると、初期のインターネットはソーシャルではなかった。「インターネット元年」と呼ばれた一九九五年から、家庭でのインターネット加入者数が法人加入者数を上回る一九九九年を過ぎても（日本インターネット協会 一九九九、三〇）、当時はマスメディア的な利用が中心で、つまり自分でホームページを作成するより既存のページを閲覧するだけの情報受信型の利用に偏っていた。この頃「インターネットをする」ことは、主としてマスコミ関連企業の作ったページを

「見る」ことを指していた。

この頃にインターネットを始めた多くの人々にとっては、情報を発信するためのハードルが高かったことよりも、見知らぬ人に情報を見られ、知り合うことへの恐怖の方が大きかった。社会学者の土橋臣吾（二〇〇五）は、新奇なメディアとして登場したインターネットに当時の人々が感じていた不安を、インターネットに接続すること自体への不安（ウィルスに感染して個人情報が漏えいする懸念など）と、インターネットが日常生活に侵入することへの不安（インターネットに依存しすぎて対人コミュニケーション能力が低下する懸念など）という形で析出したが、これらの不安は、出会い系サイトで知り合った相手からストーカー行為を受けたり脅迫されるかもしれないという類いも含めて、今日でもありふれている。

インターネットに感じる期待

他方で、二〇〇五年を過ぎた頃から、インターネットは「見るもの」ではなく「使うもの」へと変わっていく（その変化が本格的に目立つようになっていく）。例えば今日では、Google map が象徴するように、インターネット上にある地図を自分でぐりぐりと動かして目的地までの経路や所要時間を簡単に確認できる。わざわざ百科事典を買わなくても、wikipedia にはたいていの事柄が載っていて、集合知（みんなの力）を生かして記事を最新の情報に更新できる。YouTube に投稿された素人の動画（ユーザー生成コンテンツ）が下手なテレビ番組より面白かったり、インターネット上に投稿したコメントや写真が「バズる」（世間の話題を席巻する）と自分自身もちょっとした人気者になれたりすることを知っている。

ソーシャル・メディアという言葉は、こうした技術やサービスの浸透と合わせて登場した。すなわち、マスメディアの時代には情報の受け手でしかなかった人々も、ソーシャル・メディアの時代には送り手の側に回れる。台風で電車が急に運行できなくなっても、今日では鉄道会社の情報発信を待つよりその場に居合わせた誰かの投稿を見る方が早いし、自分が居合せたなら容易に実況できる。誰もが「読者」であり同時に「記者」にもなりうる状況は、たしかにソーシャルと呼ぶにふさわしい。

インターネットの社会化と個人化

とはいえ、災害などの非常時ならともかく、ふだんの私たちが常に不特定多数の他者に向けて積極的に情報を発信しているわけではない。ソーシャル・メディアはたしかに面識のない人々の情報共有をうながすが、だからといってつながれるなら誰でもよいわけではない。必要なのはむしろ、都合のよいときに都合よく情報を収集できる手段のほうである。つまり私たちは、ソーシャル・メディアをもっぱらパーソナルに活用してきた。

このことは、インターネット以外のメディアの普及の歴史によく表れている。例えばテレビや電話は、普及の初期には町全体で共有される公共財的な性質を強く持っていたが、次第に家庭で一台所有されるようになり、さらには各自で利用する性質を強めていった。音楽の再生機器やゲーム機も同様で、今日ではそれらの機能はスマートフォン一台に集約され、多目的に利用できる。二〇世紀後半からのメディアの進展は、個人単位の情報生活を拡充させる方向へと舵を取り、一方では公的な世界へのアクセシビリティを高めつつも、他方では人々を私的な空間へと囲い込む機能を果たしてきたのである。

加えて今日のインターネットは、無限に算出される情報を、個人の趣味や嗜好に合わせて選別する技術に長けている。例えばTwitterで自分のお気に入りばかりをフォローしていれば、自分の関心のある情報ばかりがタイムライン上に流れてくることになるが、憲法学者のキャス・サンスティーン（二〇〇三）が論じたように、それは自分専用にカスタマイズされた日刊新聞を受け取るようなものだ。また、AmazonやYouTubeなどのレコメンデーション・システムには、自分とよく似た嗜好をもつ他のユーザーの情報をもとに「あなたへのおすすめ」を教えてくれる協調フィルタリング技術が用いられているが、これにしても、インターネット上にある玉石混交の情報を、自分の好みに合うように自動的に振り分けてくれる仕組みといえる。それらは徹底して同質性を高める「私化のテクノロジー」として発展をとげてきたのであり、この点で今日のソーシャル・メディアほど、ソーシャルという言葉からかけ離れたものもない。

「出会い系」から「マッチングアプリ」へ

あらためて「ソーシャル＝社会的」の意味について考えてみよう。例えば自分の所属する学校や職場には好きな人も嫌いな人もいるけれど、いろいろあるから面白い。社会的なるものが基本的には異質な他者へと開かれた場所だとすると、インターネットは逆に、異質さをあらかじめ排除することで利便性と快適さを高めてきた。インターネットが提供するのは、想定外のサプライズより予定調和の安心感であり、嫌いな相手と険悪な関係をこじらせるより気の合う仲間と親密な関係を深めるのに適している。「炎上」が生じるのも、自分の意見と共感できる情報が集まりやすく、対立意見に接しにくいからだというのがサンスティーンの見立てだ。仮にそういうものだとしても、私はだからインターネットを活用するのはダメだと説教したいわけではない。それがインターネットの長所であるならば、長所を生かした活用をすればよい。

そのひとつは、今日の「マッチングアプリ」（人との出会いを支援するサービス）の隆盛に表われている。「婚活」という言葉が流行するくらい、日本はとかく出会いに乏しい社会である。一九六七年までは恋愛結婚より見合い結婚の割合のほうが多く、私たちは今も昔も出会いたくても出会えていないが、ソーシャル・メディアは、異質さを徹底的に排除することで自分と気の合う「類友」を見つけやすくなった。ファッション誌『CanCan』の二〇一七年七月号には「リアルに〝スマホでいい恋〟する方法」という特集が組まれ、大きな話題になったが、ソーシャル・メディアが社会的な多様性を育まないからこそ、出会いを求める人々の希望になっていくのかもしれない。

参考文献

土橋臣吾　二〇〇五「インターネットの受容とはどのような経験か――採用初期における一事例」『武蔵工業大学環境情報学部紀要』第六号、五三―六二頁

サンスティーン，キャス　二〇〇一（二〇〇三）石川幸憲訳『インターネットは民主主義の敵か』毎日新聞社

日本インターネット協会（編）一九九九『インターネット白書九九』インプレス

総務省『平成三〇年版 情報通信白書』

【コラム6】映画会「知るために、知らせるために、ドキュメンタリーを観て語る」

南出和余

ここでもう一つの「表現媒体としてのメディア」に関する教育実践を紹介したい。六年ほど前から桃山学院大学ではドキュメンタリー映画の上映会プラス映画監督トークセッションを、年二回のペースで開催している。予算の都合上このペースが限界であるが、毎学期という位置づけは学生や一般の主に地域住民の方々にとって悪くない。これまでに開催してきた一一回の映画会の内容については表1を参照されたい。この映画会は二回目から「知るために、知らせるために、ドキュメンタリーを観て語る」と命名された。それは、視聴者は映画から事象を「知るために」、お越しいただいた監督は視聴者に「知らせるために」、映画を観て、そしてその場で「語る（語り合う）」という、「フォーラムとしての映画」を実現する意図が込められている。

「ドキュメンタリー映画」とは「記録映画」という意味合いが強く、「真実」を描き伝えるというイメージが一般的には強いだろう。しかし、オウム真理教と社会の関わりをとらえた《A》《A2》の監督である森達也監督の著書『ドキュメンタリーは嘘をつく』（二〇〇五、草思社）が示すように、それは映画であってもテレビ番組であっても、ドキュメンタリーが「絶対的（客観的）事実」を伝えているとは限らないのである。この「事実」「真実」とは何か、という点は本書全体を通じての課題であり、ひいてはメディア教育の中心的課題であるのだが、ここでいう「ドキュメンタリーの嘘ホント」とは、客観性と主観性の問題を意味している。すなわち、ドキュメンタリー映画（記録映画）といえども、そこには監督の主観、監督が伝えたい、知らせたい、監督の立場からの（カッコつき）「真実」とメッセージが示されたものであるということである。

私たちは映画を観る際に、そこに映し出されている対象

表1：「知るために、知らせるために、ドキュメンタリーを観て語る」開催記録（主催　桃山学院大学メディア教育研究会）

	開催日	上映映画	監督・トーク	共催
第一回	二〇一二年十二月十一日	祝の島	纐纈　あや	環境委員会
第二回	二〇一三年五月二十八日	チョコラ！	小林　茂 松下　照美 （映画出演者）	社会学部
第三回	二〇一三年十一月二十六日	さなぎ～学校に行きたくない～	三浦　淳子	社会学部・国際教養学部
第四回	二〇一四年六月九日	異国に生きる――日本の中のビルマ人	土井　敏邦	国際教養学部
第五回	二〇一四年七月十一日	被災地に来た若者たち	土井　敏邦	ボランティア活動支援室
第六回	二〇一五年十二月四日	小さき声のカノン――選択する人々	鎌仲　ひとみ	人権問題委員会
第七回	二〇一六年一月十五日	つづきのヴォイス――山中一揆から現在	山崎　樹一郎	
第八回	二〇一六年十二月六日	ディア・ピョンヤン	ヤン　ヨンヒ	国際教養学部
第九回	二〇一七年一月十三日	クワイ河に虹をかけた男	満田　康弘	
第一〇回	二〇一七年七月十一日	久高オデッセイ第三部　風章	（大重潤一郎） 高橋　あい	
第一一回	二〇一七年十一月一〇日	さとにきたらええやん	重江　良樹	

注　第一回は「知るために、知らせるために、ドキュメンタリーを観て語る」命名前であったため各記録では回数が一回ズレている。

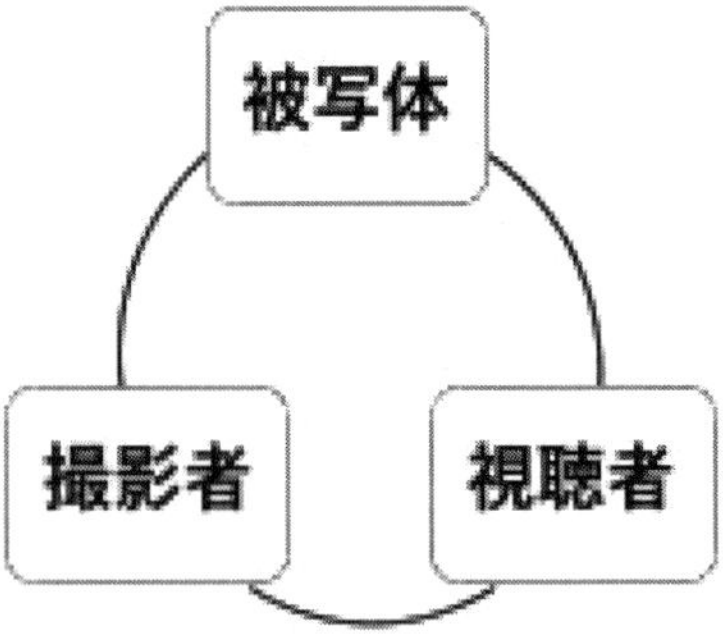

図１：映画の関係性

を視聴者がダイレクトに観ているように感じがちである。それがドキュメンタリーであれば、その対象についての「情報」として「知る」ことに注目しがちである。しかし、どのような映画であっても、それは必ず監督のレンズを介して表現された像であり、対象と視聴者の間に必ず撮影者がいるということを忘れてはならない。しかしだからといって、視聴者が単に受動的であるかといえばそうではない。映画監督は、それが商業ベースになればなるほど、視聴者の関心を引くものにしようと（それこそが映画の「成功」であるかのように）意識して映像を「作る」。そして、テレビドキュメンタリーなどでは、視聴者の関心を引こうとする「演出」と視聴者の「事実認識」の間に起こるズレがしばしば問題となる。この「対象――撮影者――視聴者」の関係（図１）を理解したうえで、ドキュメンタリー映画からいかに「監督のメッセージ込みの対象を知る」かが問われているのである。

この映画会で取り上げた作品およびお越しいただいた監督たちは、それぞれに映画を作ること、映画によって伝えることに、強い思いをもっておられた。それぞれの映画と監督たちの思いをここで私の回顧録という「メディア」によって本書の読者に伝えることさえ躊躇を覚えるくらい、それぞれの監督たちの思いは強く、創造的であった。あえて誤解を恐れずに言うならば、すべての監督に共通していたのは、それが「伝えたい（知らせたい）」という表現である以上に、「伝えなければならない」「伝えなければ生きていけない」というくらいの使命感をもった運動であるという点であった。それは決して映画を作ることを生業（なりわい）にしているという意味ではなく（実際にそのようなお話をしてくださった監督もいたが）、現代社会でその対象に出会ってしまった以上、観て見ぬふりをしていることができなかったという思いから、自らが対象とつながること＋

向き合うこと、さらに、対象と視聴者をつなげることを選んだ監督たちの「生き方」であった。

映画との出会いとは、そこに映し出されている対象との出会いであり、そしてその映画を発信する監督の生き方との出会いであるということを、各回の映画会は教えてくれる。視聴者として、映画と映画監督と出会った私たちは、それをどう受け止め、そして自らがどう生きるかを問われているような気がする。「情報があふれる」と言われる現代社会では、「出会い」の数が多くなり、一人の人間がそれらの出会いにすべて応えることなどできないと思われがちである。情報の多さが反って一つ一つの出会いの価値を下げ、「響く」ことを制限し、結果的には情報が限られていた時代よりも人びとをがんじがらめにしている感がある。しかし、監督たちの「出会ってしまった以上、つながらずにいれなかった自分」あるいは「対象と向き合う先にいる自分」への気づきがあってこそ、人は動き、発信者となる。それこそが、まぎれもないドキュメンタリーの「真実」である。

資料

桃山学院大学国際教養学部 2010 ～ 2015 年度　学生制作アニメーション作品一覧（第七章　佐野明子）

	制作年度	タイトル	映像時間	人数	実験性
1	2010 年度	『HYSTERIC』	3 分 56 秒	3 人	①③④⑤
2		『けむし』	2 分 41 秒	4 人	③⑤
3		『むしのせかい』	53 秒	3 人	①④
4	2011 年度	『Pray for Japan』	2 分 20 秒	3 人	③④⑤
5		『Chicken Story』	2 分 16 秒	3 人	③④⑤
6		『とあるパンダの物語』	2 分 28 秒	3 人	④⑤
7		『Jet Coaster Live』	1 分 33 秒	4 人	①②⑤
8		『凧』	3 分 18 秒	4 人	①②③④
9		『ひよこ坂から』	1 分 4 秒	4 人	①②③④⑤
10	2012 年度	『Alice in Hawaii』	2 分 5 秒	2 人	②③⑤
11		『森のゆかいな仲間たち』	0 分 37 秒	3 人	①③⑤
12		『ちょくたん』	2 分 22 秒	3 人	①②③④⑤
13		『COLORFUL』	1 分 19 秒	2 人	①②③④⑤
14	2013 年度	『四季』	2 分 38 秒	3 人	①②③⑤
15		『hate』	3 分 17 秒	3 人	②③④⑤
16		『change change!!!』	1 分 51 秒	3 人	①②③④⑤
17		『くまのぼうけん』	1 分 29 秒	3 人	②③⑤
18		『ウサギの行方』	1 分 47 秒	3 人	③④⑤
19	2015 年度	『夢ボタン』	3 分 57 秒	2 人	①②③⑤
20		『Tree』	3 分 37 秒	3 人	②③④⑤
21		『空とぶペンギン』	1 分 28 秒	2 人	②③⑤

桃山学院大学国際教養学部 2010 ～ 2017 年度　学生制作映像作品一覧（第八章　南出和余）

	年度授業	タイトル	長さ	対象	接触方法	分野	関心	メッセージ
1	2010 実習	貴志川線復興の軌跡	9	取材	問い合わせ	文化	観光	肯定・共感的
2	2010 実習	「脊髄小脳変性症」 この病気を知っていますか？	9	家族		社会	医療	問題提起
3	2010 実習	職人魂 ―伝統文化を担う若者―	12	取材	問い合わせ	仕事	職	肯定・共感的
4	2010 実習	タバコへの依存 ―値上がりを経て―	11	友人		社会	喫煙	問題提起
5	2010 実習	オードリー・ヘップバーンにあこがれて	11	友人		人物	おしゃれ	肯定・共感的
6	2010 実習	メイクのこだわり	11	友人		人物	おしゃれ	肯定・共感的
7	2010 実習	「皮肉」をめぐる文化差	16	友人		文化	異文化	問題提起
8	2010 実習	Documentary’s Documentary	14	自分・友人		メディア	メディア	問題提起
9	2011 実習	鉄道事業の神様	7	取材	問い合わせ	人物	歴史	肯定・共感的
10	2011 実習	Mother’s Work ―牛乳普及協会で働くということ―	11	家族		仕事	職	肯定・共感的
11	2011 実習	守衛さんの一心 ―大学を管理するということ―	11'30	学内取材		仕事	職	肯定・共感的
12	2011 実習	ええ街　新世界	12'20	取材	知人を介して	文化	観光	肯定・共感的
13	2011 実習	夜は短し目覚めよ藤江	12'40	自分		実験	身体	エンターテイメント
14	2011 実習	失敗は成功のマザー ―桃 da ファンキーシビレサス―	8'30	自分・友人		仲間	音楽	エンターテイメント
15	2011 実習	僕の好きな場所	14'30	友人		仲間	音楽	肯定・共感的
16	2011 実習	生まれる。	13'30	友人		人物	生き方	肯定・共感的
17	2011 卒制	私はジャニオタ	12'20	自分		人物	メディア	肯定・共感的
18	2011 卒制	日本人初の K-POP DANCER	14'50	取材	問い合わせ	人物	生き方	肯定・共感的

	年度授業	タイトル	長さ	対象	接触方法	分野	関心	メッセージ
19	2011 卒制	50 代のネイル	17	家族		文化	おしゃれ	肯定・共感的
20	2011 卒制	メイクのチカラ	16'30	友人		趣向	おしゃれ	肯定・共感的
21	2011 卒制	ゲストハウスに行こう！	17'30	取材	問い合わせ	文化	観光	肯定・共感的
22	2011 卒制	平成っ子ダイエット	12'15	自分・友人		趣向	身体	肯定・共感的
23	2011 卒制	若年女性の料理事情	16'10	自分・友人		生活	料理	肯定・共感的
24	2012 実習	伝承—弥生から現代へ—	11'11	取材	問い合わせ	文化	歴史	肯定・共感的
25	2012 実習	体験を通して知るハーベストの丘	8'16	取材	問い合わせ	文化	観光	肯定・共感的
26	2012 実習	アンニョンハセヨ！！ —青野正明　日本と韓国の架け橋—	11'22	学内取材		人物	教員	肯定・共感的
27	2012 実習	イタリア料理人	10'19	取材	知人を介して	人物	生き方	肯定・共感的
28	2012 実習	国松先生とロシア文学	10'30	学内取材		人物	教員	肯定・共感的
29	2012 実習	昇魂式 —64 年の思いを胸に—	15'00	取材	知人を介して	文化	地元文化	肯定・共感的
30	2012 実習	サプライズ大作戦。	15'37	友人		実験	恋愛	肯定・共感的
31	2012 卒制	つながり	11'30	友人		実験	つながり	肯定・共感的
32	2012 卒制	女性から女子へ	23'22	家族・ 学内取材		社会	生き方	肯定・共感的
33	2012 卒制	SNS でつながる、サザンでつながる。	13	家族		メディア	つながり	肯定・共感的
34	2012 卒制	表舞台	21'46	自分		人物	学生生活	肯定・共感的
35	2012 卒制	「ダーツの旅」をやってみた	28'40	取材	直接訪問	実験	メディア	エンターテイメント
36	2013 実習	FM さかい ラジオの魅力	10'38	取材	問い合わせ	メディア	メディア	肯定・共感的
37	2013 実習	コミュニティー FM で働く谷昭信@ 89.0	7'42	取材	問い合わせ	人物	メディア	肯定・共感的
38	2013 実習	街にある映画館	13'06	取材	問い合わせ	文化	メディア	肯定・共感的
39	2013 実習	みんなのいのりが光になるまで	13'48	取材	問い合わせ	文化	観光	肯定・共感的
40	2013 実習	英語を楽しく学ぶ	9'22	学内取材		人物	教員	肯定・共感的
41	2013 実習	宙にペルシャ	14'39	友人		仲間	音楽	肯定・共感的

	年度授業	タイトル	長さ	対象	接触方法	分野	関心	メッセージ
42	2013 実習	ミカエル	13'28	友人		人物	生き方	肯定・共感的
43	2013 実習	オイシイ思いをするために	17'43	自分		実験	音楽	エンターテイメント
44	2013 卒制	道はじぶんでつくる —学生プロボクサー・モンキー修平—	19'15	友人		人物	生き方	肯定・共感的
45	2013 卒制	堀町だんじり —別れと新たな出会い—	21'32	取材	知人を介して	文化	地元文化	肯定・共感的
46	2013 卒制	就活—自分との葛藤—	25'21	友人		仕事	職	問題提起
47	2013 卒制	犬猫の幸せのために —保護犬カフェの活動—	15'25	取材	問い合わせ	社会	動物	肯定・共感的
48	2013 卒制	夢をおいかける —日本語教員を目指して—	13'37	友人・ 学内取材		仕事	生き方	肯定・共感的
49	2013 卒制	アートが繋ぐ日本とバングラデシュ —瀬戸内国際芸術祭 2013 ベンガル島—	10'54	取材	直接訪問	文化	異文化	肯定・共感的
50	2014 実習	Buranture の一歩一歩。	10'02	自分・友人		仲間	学生生活	肯定・共感的
51	2014 実習	国内留学 @andrew.ac.jp	11'23	友人		仲間	学生生活	肯定・共感的
52	2014 実習	主将 岡田良太 —レスリング部の軌跡—	8'36	友人		仲間	学生生活	肯定・共感的
53	2014 実習	ゴンザレス先生×ラテン音楽 —カタコトですみません—	9'44	学内取材		人物	教員	肯定・共感的
54	2014 実習 2014 卒制	ぼくらは島人 —沖縄県人会 in 大阪—	10'00	友人		文化	地元文化	肯定・共感的
55	2014 実習 2014 卒制	バレエに生きる	17'07	友人・家族		人物	生き方	肯定・共感的
56	2014 卒制	演劇部 —舞台ができるまで—	26'00	友人		趣向	学生生活	肯定・共感的
57	2014 卒制	うどん見聞録	14'30	取材	問い合わせ	文化	観光	肯定・共感的

	年度授業	タイトル	長さ	対象	接触方法	分野	関心	メッセージ
58	2014 卒制	お笑いコンビの未来 ―大学テディベアの場合―	15'30	自分		人物	学生生活	肯定・共感的
59	2014 卒制	≪アニメ≫宇宙のおはなし	3'30			科学	科学	肯定・共感的
60	2014 卒制	≪アニメ≫ OPERATE	3'30			社会	メディア	問題提起
61	2015 実習	韓国人留学生―身近な隣国を学ぶ―	12' 10	友人		仲間	学生生活	肯定・共感的
62	2015 実習	ファンに元気を！～夢のために歌い続ける～	11' 55	友人		人物	生き方	肯定・共感的
63	2015 実習	What is 映画研究会―制作の裏側―	15' 18	自分・友人		仲間	学生生活	肯定・共感的
64	2016 卒制	21 歳～好きなことを仕事にすること～	12'19	友人		仕事	生き方	肯定・共感的
65	2016 卒制	伝える～密着　山中結友の卒業制作～	18'45	友人		映像	メディア	肯定・共感的
66	2016 卒制	個性×友達＝友だち	9'20	取材	友人を介して	社会	生き方	肯定・共感的
67	2016 実習	コトバノチカラ	13'16	友人		社会	コミュニケーション	肯定・共感的
68	2016 実習	花と生きる～わたしのおばあちゃん～	15'38	家族		人物	生き方	肯定・共感的
69	2016 実習	お姉ちゃんはドルフィントレーナー	12'06	家族		人物	生き方	肯定・共感的
70	2016 実習	スポーツカーの世界	11'39	自分		趣味	文化	肯定・共感的
71	2016 実習	突撃！地元のラジオ局～ＦＭちゃお～	9'46	取材	問い合わせ	メディア	地域文化	肯定・共感的
72	2016 集中	花菜の命	7'25	取材	教員による事前交渉	人物	地域文化	肯定・共感的
73	2016 集中	地球を愛する山の工房	4'53			人物	地域文化	肯定・共感的
74	2016 集中	地域に愛される "MOHN"	4'30			人物	地域文化	肯定・共感的
75	2016 集中	『安心』と『温もり』のモーン	5'05			人物	地域文化	肯定・共感的
76	2016 集中	夢を追い続けるラーメン職人	6'24			人物	地域文化	肯定・共感的
77	2016 集中	カフェ」と生きがい	4'40			人物	生き方	肯定・共感的
78	2016 集中	岡田さんのカフェ人生	4'27			人物	生き方	肯定・共感的
79	2017 卒制	オタク is good!? ～アイドルおたくのあらゆる面々～	17'24	友人		趣向	文化	問題提起
80	2017 卒制	加藤と音楽	14'42	友人		人物	音楽	肯定・共感的
81	2017 卒制	Made in 世界～服へのこだわり	11'51	友人		趣向	おしゃれ	問題提起

	年度授業	タイトル	長さ	対象	接触方法	分野	関心	メッセージ
82	2017 卒制	Nervousness ～人見知りは就活の敵～	5'42	友人		人物	性格	問題提起
83	2017 実習	インスタに洗脳される若者	14'57	友人		趣向	メディア	問題提起
84	2017 実習	若手クリエーターたち	9'20	友人		趣向	生き方	肯定・共感的
85	2017 実習	DOPE's story	15'00	友人		趣向	音楽	肯定・共感的
86	2017 実習	音楽で生きていく	12'08	友人		趣向	生き方	肯定・共感的
87	2017 実習	あなたの宝物は何ですか？ ～モノがあふれる今～	6'27	取材	直接訪問	社会	物質	問題提起
88	2017 実習	ペットの存在・ペットの魅力	11'23	友人		趣向	動物	肯定・共感的
89	2017 実習	大学サッカーとは？ ～チームを支えてくれる人～	9'57	友人		仲間	学生生活	肯定・共感的
90	2017 実習	彼女たちを夢中にさせるラクロスとは？	10'34	友人		仲間	学生生活	肯定・共感的
91	2018 実習	車椅子ユーザー	13'39	自分・友人		社会	社会福祉	問題提起
92	2018 実習	ダンスに生きる	11'00	友人		仲間	学生生活	肯定・共感的
93	2018 実習	reGretGirl ～徹底的後悔	12'00	取材	友人を介して	趣向	音楽	肯定・共感的
94	2018 実習	情熱制作	11'00	自分・友人		趣向	学生生活	肯定・共感的
95	2018 実習	外国人から見た日本（桃山学院大学）	11'48	学内取材		社会	異文化	問題提起
96	2018 実習	真の国際化に向けて	11'00	取材	直接訪問	社会	異文化	問題提起
97	2018 実習	インドネシア・プロフェッショナル	10'40	学内取材		人物	教員	肯定・共感的
98	2018 卒制	イスラーム	17'00	取材	直接訪問	社会	宗教	問題提起
99	2018 卒制	YouTube のある生活	13'24	自分・友人		社会	生活	問題提起
100	2018 卒制	レジットの可能性	10'00	友人		趣向	メディア	肯定・共感的
101	2018 卒制	日本の働き方改革	15'00	友人・取材	友人を介して	社会	生活	問題提起
特	2017 修士	観光アイデンティティ～彼女たちのバリ舞踊実践～	20'00	取材	直接訪問	社会	異文化	問題提起

あとがき

本書は、二〇一二年度から二〇一四年度に実施した桃山学院大学（以下、本学）共同研究プロジェクト「大学教育における映像・メディア教育モデルの構築」（一二共二二四）を受けて、二〇一五年度から二〇一七年度に引き続いて実施した同プロジェクト「大学教育における映像・メディア教育モデルの構築Ⅱ」（一五共二四六）の成果をまとめたものである。この共同研究プロジェクトは、本学の国際教養学部と社会学部で主にメディア教育に携わる教員たちによって構成され、その多くが、社会学、人類学、文化研究を専門としている。各々が実践するメディア教育を、各学問分野の特質を保ちつつも有機的に機能させ、学部を超えた体系的教育モデルを構築することを目指してきた。具体的には、まずは各々の教育実践を共有することから始めた。次に、各学部または学部横断での取り組みとして、ゼミの合同卒論発表会や映画上映会（コラム6）、フォトコンテストなどを、学生たちと協力して定期的に実施した。メディアに関心のある学生たちはこれらの取り組みに参加するとともに、すでに学部を跨いで各教員の開講科目を履修していたことから、それらを体系的に位置付けてみることは実態に即していた。本書はこの一連の活動の記録であり、今の私たちにできる最大限の体系的学びの提示である。

教育の現場で「情報と情報技術活用のための知識と技能」の習得を促すことが求められ、日本で後期中等教育（高等学校）の普通教科と専門教科（情報科）に「情報」の科目が設置されたのは、二〇〇三年のことである。文部科学省が提示する「情報教育」には、「情報活用の実践力」「情報の科学的な理解」「情報社会に参画する態度」

の育成という三つの側面が挙げられているが、これらの言葉から容易に想像がつくように、その範囲は限りなく広く、これを進めるための学問的バックグラウンドを特定するのはほぼ不可能である。しかし翻れば、いかなる学問領域においても「情報教育」とのリンクは可能であり、そして学際的な課題として、どの領域においても情報教育の一旦を担うことが求められているともいえる。大学教育という専門教育課程においては、各専門（各学部）によって貢献しうる側面は異なるが、逆に、大学全体でどのような貢献をし得るのかに自覚的になってみるのもよい。メディア学部（学科）という名の下でテーマ型の学際教育を実践する大学もあるが、本学の場合は、むしろ各学問体系を保ちながら、各々の学説・思考が昨今の「メディア」をいかに読み解けるのかに研究教育を通じて挑戦しているといえる。学生たちもまた、ツールとして各学問分野の議論を用いながら、よく知っているようで意外と得体の知れない「メディア」の端々に挑むのだ。

本書は、二〇一八年度桃山学院大学総合研究所学術出版助成によって出版が実現した。出版にあたっては、船橋純一郎氏をはじめ、せりか書房の皆さんに多大なご協力を頂いた。経験の浅い編著者たちによる出版構想に対して、メディア関連の学術書を豊富に出版してきた経験をお持ちの船橋氏からは、学術の流れや傾向についてアドバイスを頂きながら、本書の性格を考えるに至った。この場を借りてお礼を申し上げたい。また、大学での多様な業務はもとより子育てをはじめ多忙なライフワークもこなしながらも、熱の入った論考を寄せてくれた各執筆者に、心から感謝を述べたい。大学業務と教育活動、個々人の研究活動に加えての共同研究プロジェクトの実施は、プラスアルファの仕事としての負担を強いることにもなったが、その活動を通じてチームワークが築かれ、各々の教育実践を相互に理解し、最終的に体系的なデザインを描くまでに至れたのは、一人一人の執筆者の根気の賜物である。本書の出版と並行して、いよいよ二〇一九年度からは、社会学部と国際教養学部を横断するメディア教育プログラムがスタートする予定である。本書がその一助となり、さらには本学を飛び出して、大学におけるメディア教育の促進に寄与することを願ってやまない。

南出和余
木島由晶

初出論文

本書に収められている論考のいくつかは、以下の既発表論文をもとに加筆修正を加えたものである。

第一章　名部圭一　二〇一八「ポスト真実の時代のメディア――社会システム理論から見たインターネット」『桃山学院大学総合研究所紀要』四三（三）、一―十四頁
第三章　高井昌吏　二〇〇一「メディアの中のスポーツと視聴者の意味付与」『スポーツ社会学研究』（九）、九四―一〇五頁
第四章　片平幸　二〇一七「オペラ『蝶々夫人』と日本からの応答――表象される「日本」への反応の諸相」『桃山学院大学総合研究所紀要』四二（一）、一二五―一四二頁
第八章　南出和余　二〇一七「映像制作による対話的コミュニケーション――映像・人類学・教育」『コンタクト・ゾーン＝Contact zone』九、三八六―三九七頁

執筆者紹介

佐野明子（さの　あきこ）

1975年生まれ。現在、桃山学院大学国際教養学部准教授。映像文化論。著書に、『動員のメディアミックス―＜創作する大衆の戦時下・戦後＞』（共著、思文閣出版、2017年）、『日仏アニメーションの文化論』（共著、水声社、2017年）、論文に、「高畑勲と今村太平『漫画映画論』」『ユリイカ　総特集：高畑勲の世界』第50巻第10号、2018年）等がある。

石田あゆう（いしだ　あゆう）

1973年生まれ。現在、桃山学院大学社会学部准教授。歴史社会学、メディア文化論。著書に、『ミッチー・ブーム』（単著、文春新書、2006年）、『戦時婦人雑誌の広告メディア論』（単著、青弓社、2015年）、『図説戦時下の化粧品広告（1931-1943）』（単著、創元社、2016年）等がある。

長﨑励朗（ながさき　れお）

1983年生まれ。現在、桃山学院大学社会学部准教授。メディア文化論、ポピュラー音楽研究、生涯教育学。著書に、『「つながり」の戦後文化誌―労音、そして宝塚、万博』（単著、河出書房新社、2013年）、『日本の論壇雑誌―教養メディアの盛衰』（共著、創元社、2014年）、『青年雑誌の黄金時代―若者はなぜそれを読んでいたのか』（共著、岩波書店、2015年）、訳書に『ラジオが夢見た市民社会―アメリカン・デモクラシーの栄光と挫折』（岩波書店、2018年）等がある。

執筆者紹介

名部圭一（なべ　けいいち）
1966年生まれ。現在、桃山学院大学社会学部教授。理論社会学、文化社会学。著書に、Pop Culture and the Everyday in Japan（共著、Trans Pacific Press、2012)、『文化社会学の視座』（共著、ミネルヴァ書房、2008年)、『現代文化の社会学 入門』（共著、ミネルヴァ書房、2007年)、『社会文化理論ガイドブック』（共編著、ナカニシヤ出版、2005年）等がある。

高井昌吏（たかい　まさし）
1972年生まれ。現在、東洋大学社会学部准教授。文化社会学、メディア論、スポーツ社会学。著書に、『女子マネージャーの誕生とメディア』（単著、ミネルヴァ書房、2005 年)、『健康優良児とその時代―健康というメディアイベント』（編著、青弓社、2008年)、『メディア文化を社会学する』（編著、世界思想社、2009年)、『「反戦」と「好戦」のポピュラーカルチャー――メディア・ジェンダー・ツーリズム』（編著、人文書院、2011年）等がある。

片平（真鍋）幸（かたひら・まなべ　みゆき）
1971年生まれ。現在、桃山学院大学国際教養学部准教授。日本文化論、庭園の文化史。著書に、『日本庭園像の形成』（単著、思文閣出版、2014年)、論文に、Constructing the Image of the Japanese Garden, Die Garten Kunst Das 2. Heft des Jahres 2016, pp.217-277等がある。

小池誠（こいけ　まこと）
1956 年生まれ。現在、桃山学院大学国際教養学部教授。文化人類学、インドネシア研究。著書に、『インドネシア―島々に織りこまれた歴史と文化』（単著、三修社、1998年)、『東インドネシアの家社会―スンバの親族と儀礼』（単著、晃洋書房、2005年)、『生をつなぐ家―親族研究の新たな地平』（編著、風響社、2013年）等がある。

鈴木隆史（すずき　たかし）
1957年生まれ。現在、桃山学院大学兼任講師。（有）海工房所属。インドネシア地域研究、海域社会研究、ドキュメンタリー論。著書に、『フカヒレも空を飛ぶ』（単著、梨の木舎、1994年)、『インドネシアのポピュラーカルチャー』（共著、めこん、1995年）等がある。

編者紹介

南出和余（みなみで　かずよ）
1975年生まれ。現在、桃山学院大学国際教養学部准教授。文化人類学、映像人類学。著書に、『「子ども域」の人類学——バングラデシュ農村社会の子どもたち』（単著、昭和堂、2014年）、『フィールドワークと映像実践——研究のためのビデオ撮影入門』（共著、ハーベスト社、2013年）等。映像作品に『Circumcision in Transition（割礼の変容）』（2006年、36分）等がある。

木島由晶（きじま　よしまさ）
1975年生まれ。現在、桃山学院大学社会学部准教授。文化社会学、ポピュラー文化研究。著書に、『現代若者の幸福——不安感社会を生きる』（共著、星社厚生閣、2016年）、『オタク的想像力のリミット——＜歴史・空間・交流＞から問う』（共著、筑摩書房、2014年）、『メディア社会論』（共著、有斐閣、2018年）等がある。

メディアの内と外を読み解く——大学におけるメディア教育実践

2018年10月31日　第1刷発行

編　者　南出和余・木島由晶
発行者　船橋純一郎
発行所　株式会社 せりか書房
〒112-0011　東京都文京区千石　1-29-12　深沢ビル2F
電話 03-5940-4700　振替 00150-6-143601　http://www.serica.co.jp
印　刷　信毎書籍印刷株式会社
装　幀　工藤強勝＋勝田亜加里

ISBN 978-4-7967-0377-2